L'INSAISISSABLE MONSIEUR K.

Enquête à Nantes au cœur du *Foot Business*

Saber Jendoubi

L'INSAISISSABLE MONSIEUR K.

Enquête à Nantes au cœur du *Foot Business*

Éditions OUEST-FRANCE

Ce 8 mai 2022, une foule considérable venue des quatre coins du département et d'au-delà dévale les rues de Nantes. Près de 10 000 supporters, beaucoup de la première, d'autres de la vingt-cinquième heure, déferlent place du Maréchal-Foch pour acclamer leurs nouveaux champions. La veille, les Canaris ont arraché à Nice une victoire historique, puisqu'elle met dans leurs mains une coupe de France qu'ils n'avaient pas tenue depuis vingt-deux ans jour pour jour. Le peuple jaune et vert chante, saute, laisse enfin éclater son soulagement et sa joie. L'atmosphère est à la communion et à la fête.

Au même moment, à l'autre bout de la ville, Waldemar Kita, le teint hâlé et l'air goguenard, a convoqué les journalistes : « Faites pas la gueule ! Vous devez tous sourire. Hé ho ! Vous êtes contents quand même, non ? »[1]. L'attention est enfin braquée sur lui. Il s'assoit, il enlève ses chaussures, tire la langue, apprécie ce triomphe comme un « cadeau » pour l'anniversaire qu'il a fêté la veille loin de Nantes, dans une discothèque parisienne privatisée, entouré de ses proches de toujours et de ses amis du moment. S'il savoure cette victoire comme la sienne, il prend soin de parler du club comme un collectif. Mais un collectif dont les rouages « courtois », « respectueux » et « travailleurs » semblent avoir de la valeur avant tout en raison de leur respect de la hiérarchie et de la fiabilité du placement qu'ils

1. Vidéo « OGC Nice – FC Nantes : la réaction du président Waldemar Kita », *FC Nantes*, 8 mai 2022.

représentent. Ni la cohésion affichée ni cette position assumée de patriarche ne sonnent juste au regard des déclarations chocs de l'entraîneur de l'équipe, Antoine Kombouaré, qui dès le coup de sifflet final de la veille n'a pas hésité à confier que « la relation quotidienne avec le président n'est pas facile » et que, afin de pouvoir enfin retrouver « cette communion qu'on ne voyait plus à Nantes », les supporters comme lui n'ont eu d'autre choix que de « compartimenter » et de passer outre les « problèmes avec l'actionnaire[2]. » La victoire s'est obtenue malgré le président du FC Nantes, pas grâce lui.

L'apothéose de Kita n'aura pas lieu. Cette victoire aurait dû le placer en position de force et lui permettre de faire amende honorable. Au lieu de cela, il s'est retrouvé encore plus isolé sur cette estrade de la salle de presse de la Jonelière, loin de la liesse populaire en cours à quelques kilomètres. Seul contre tous, seul dans ce temple du jeu collectif. Il faut dire que si ses sorties ont pu provoquer au début des réactions franchement négatives, elles n'en suscitent aujourd'hui pratiquement plus. Les *supporters* eux-mêmes, pourtant ses premiers contempteurs, ne sont même plus embarrassés par ce qui est devenu la « routine Kita ».

Il faut rendre à Kita ce qui appartient à Kita. L'homme a eu la surface financière et investi « de sa poche » pour

2. Article « FC Nantes. Antoine Kombouaré : « Qu'on ne me demande plus rien… » », *Ouest-France*, 8 mai 2022.

« maintenir » le club à un certain niveau. Mais ce triomphe, ou simplement ce soulagement après 20 ans sans aucun trophée, est avant tout celui du *coach* Antoine Kombouaré, revenu dans le club de ses débuts et dont il faut ici souligner le tour de force d'avoir su emmener son équipe à la victoire malgré le contexte défavorable. Il est enfin celui de l'institution FC Nantes, ces hommes et ces femmes qui font tourner la boutique au quotidien, ceux qui sacrifient week-ends et soirées pour soutenir leur équipe. Cette famille tellement forte que, malgré tout, elle arrive à gagner en ordre dispersé, sans union.

Le péché originel de Kita ? Depuis sa prise de pouvoir en 2007, s'être efforcé de façonner les règles du jeu à son avantage, en dépit des normes culturelles, footballistiques – parfois juridiques – et en dépit des alertes. Au fil des interviews, l'homme d'affaires écrit son histoire comme un roman, dans lequel tout événement s'insère parfaitement dans la narration, et entre en étrange résonance avec ses intérêts du moment. Il construit sa légende. S'il a effectivement dû faire face à de nombreux obstacles et fait preuve d'une grande ingéniosité pour réussir, la réalité est comme bien souvent plus complexe, plus nuancée.

Être l'homme d'affaires talentueux qu'il est certainement ne garantit en rien d'être l'objet d'une *success story* médiatique à laquelle il a sans doute aspiré en entrant dans le monde du foot. Sortir de l'ombre, chercher la lumière, surtout dans ce milieu, c'est risquer de se brûler les ailes.

Pour paraphraser une phrase célèbre, le monde du foot est une copie de la société et souffre à la fois de toutes ses maladies et de toutes ses joies, généralement à une température plus élevée. Il fait passer une représentation du monde, des interrogations morales, des épreuves politiques ou économiques.

Cette envie de savoir ce qui se cache derrière la montagne Kita n'est pas juste née d'une curiosité pour un personnage haut en couleur et mal aimé, ni même pour l'histoire complexe d'un club mythique. Il s'agit d'ouvrir une fenêtre sur le milieu du foot, les passions dévorantes qu'il suscite, les enjeux de pouvoir qui le traversent, l'argent qui le soutient. Enquêter sur Kita c'est plonger dans cet écosystème particulier fait de jargon, de codes sociaux, de relations où l'on rencontre agents, joueurs, investisseurs, journalistes, personnels administratifs, *supporters*, ingénieurs, et même un nombre surprenant d'ophtalmologues.

Tout comme la victoire du FC Nantes, ce livre est le fruit d'un travail collectif. Il est réalisé grâce à l'aide d'un nombre incalculable de sources, de documents et de personnes qui se reconnaîtront. Il a fallu reconsidérer près de trente années de littérature sur l'homme et ses activités, chroniquées notamment dans la presse nantaise et la presse sportive francophone et slavophone. Beaucoup des gens interrogés pour cette enquête ont choisi de ne pas apparaître sous leur identité. Ils estiment avoir assez payé, ont refait leur vie et ne souhaitent pas être désignés à la curiosité de leurs contemporains. D'autres tout aussi nombreux et nombreuses ont souhaité rester dans le silence, dont le principal intéressé.

Chapitre 1

Devenir M. Kita

Waldemar Kita a fêté ses 69 ans le 7 mai 2022, jour de la finale victorieuse du FC Nantes en coupe de France. Ou peut-être 68 ans ? Ici commence le casse-tête. Selon les documents, l'homme dit parfois être né à Szczecin en 1953, parfois en 1954[3]. Comment savoir ? Écrire sur l'histoire de Waldemar Kita sous-entend se plonger dans la Pologne des années 1950 et 1960, époque brumeuse et lointaine où l'accès aux archives n'est pas chose aisée et la diversité des sources terriblement amoindrie.

3. Parmi les documents relatant quelques instants de la vie de Kita, le catalogue de présentation des présidents de club de Ligue 1, édité par la LFP dans les premières années de sa présidence au FCN, a sans conteste un statut à part, et nombre des informations qui suivent en sont tirées et recoupées. Sur une dizaine de pages d'entretien, Waldemar, Kita égrène notamment ses souvenirs d'enfance...

Une enfance au seuil du rideau de fer

Szczecin se situe à l'extrême nord-ouest de la Pologne et s'étend sur les rives de l'Oder. Campé entre la frontière allemande et l'estuaire de la mer Baltique, Szczecin est le troisième plus grand port de Pologne. Si aujourd'hui ce territoire polonais est devenu le parc d'attractions des Scandinaves qui viennent en *ferry* pour y faire la fête (l'alcool y étant moins cher qu'en Suède ou en Finlande), cela n'a pas toujours été le cas.

À la fin de la guerre, Szczecin est au centre des questions géopolitiques entre les Alliés. Lors de la Conférence de Yalta en février 1945, Churchill et Staline s'écharpent sur le sort de la cité portuaire. Le premier souhaite que Stettin (son nom de baptême en allemand) revienne à l'Allemagne tandis que le second insiste pour que la ville devienne polonaise. Quelques mois plus tard à la Conférence de Potsdam, devant l'irrédentisme de Staline, Anglais et Américains cèdent le territoire à la Pologne – qui passera quelques années plus tard sous le joug de l'URSS. Au sortir de la guerre, Szczecin, ravagée aux deux tiers par la guerre et vidée de sa population allemande, qui a fui ou a été chassée, n'est plus qu'une ville fantôme. Tout est à refaire. Le gouvernement polonais lance de grands travaux et une politique de repeuplement.

C'est dans ce contexte que la famille de Kita arrive à Szczecin. Selon Kita, son père, officier de l'armée de terre polonaise, participe à cette entreprise de « polonisation » en créant la garnison de Szczecin. Dans la presse, Kita est fier de son père. L'homme, qui aurait fait ses classes et servi sous les ordres du général Jaruzelski, est un jour simple officier, le lendemain colonel et le surlendemain général. Celles et ceux qui ont croisé Kita connaissent forcément une anecdote sur son père militaire. Nous n'avons cependant pas pu élucider cette question, car on ne trouve aucune mention d'un Kita dans les archives militaires officielles disponibles[4].

Quant à sa mère, Kita affirme qu'elle dirigeait « un grand magasin type Galeries Lafayette version communiste[5]. » Ce dernier point étonne Bruno Drweski, historien de la Pologne contacté pour cet ouvrage : « Une femme directrice de grand magasin, c'était courant, oui », indique l'universitaire mais un magasin « Galeries Lafayette version communiste… ce concept n'a jamais existé […]. Il y avait des supermarchés comme à l'Ouest, ni plus ni moins, qui étaient des magasins d'État comme la très grande majorité des magasins. Les centres commerciaux du genre hypermarchés avec boutiques n'étaient pas encore à la mode à l'époque[6]. » Certains contacts sur place évoquent soit le PDT (Państwowe Domy Centrum), soit le Posejdon, le Kaskada ou l'Odzieżowiec.

4. Bureau polonais d'histoire militaire : https://wbh.wp.mil.pl/pl/

5. Catalogue LFP.

6. Entretien avec l'historien Bruno Drweski, maître de conférences à l'Institut national des langues et civilisations orientales (INALCO).

La difficulté à établir ces simples points biographiques peut sembler étonnante concernant une personnalité locale, dont on pourrait penser que sa ville d'origine tirerait une certaine fierté. Comme on peut le voir avec l'exemple de la relation entre François Pinault et la petite commune des Champs-Géraux qui l'a vu naître dans les Côtes-d'Armor[7], ou avec la région Bretagne en général[8], les territoires dont sont issus celles et ceux qui connaissent une importante réussite économique peuvent espérer la voir rejaillir, sous forme de mécénat ou d'investissements. Remplis de gratitude, ils prennent alors soin de ces précieux natifs devenus philanthropes et participent activement à la construction de leur image publique. Peut-être parce qu'il est si loin, peut-être parce qu'il l'a quittée si jeune, ce n'est pas du tout la forme de rapport que Kita entretient avec Szczecin – ni celle que Szczecin entretient avec lui.

Après ses recherches, Tobiasz, un journaliste polonais contacté sur le terrain, affirme sarcastique : « M. Kita est définitivement plus célèbre en France qu'en Pologne. À Szczecin, c'est un personnage complètement anonyme. Hormis le fait que M. Kita soit né à Szczecin, il semble que rien d'autre ne le relie à notre ville. » Et il se remémore : « Alors que je travaillais à Radio Szczecin, on m'a même dit (après que j'ai écrit un article sur les fans nantais luttant

7. Article « Ces écoliers sont choyés grâce à la générosité de François Pinault », *Ouest-France*, 26 mars 2021.
8. Article « Incendie dans les monts d'Arrée. François Pinault annonce qu'il apportera son soutien », *Ouest-France*, 19 juillet 2022.

contre Kita) que je ne devais pas donner de telles nouvelles, car Kita – à part le lieu de naissance – n'a rien à voir avec Szczecin. Cela démontre comment Kita est perçu ici[9] ». Réponse identique mais laconique du côté d'un reporter du journal local la *Gazetta Szczecin* : « Je ne connais pas ce Waldemar Kita, jamais entendu parler de lui[10] ». Ce relatif désintérêt des gens du coin transparaît dans toutes nos tentatives de recherche.

De cet anonymat, on peut tout de même dégager, ne serait-ce qu'à écouter ou à lire Kita lui-même, que sa famille fait figure de parfaits petits communistes, d'une bourgeoisie d'État comme seuls les régimes autoritaires savent en créer. Les traces qu'ils ont laissées ne sont peut-être pas tant à chercher dans la sphère publique locale, mais dans ce qui reste disséminé en Pologne du « clan » Kita. « Il n'y a personne à Szczecin[11] », confie ainsi très brièvement une cousine, « les tombes de ses parents sont ici, à Paczków [ville du sud du pays, où les Kita disposaient d'une résidence secondaire]. Je m'en occupe. » Peut-être aussi dans des liens économiques utiles et entretenus jusqu'à aujourd'hui de Waldemar Kita avec ce territoire.

Le petit Waldeck

Le petit « Waldeck » – surnom donné par ses cousins –, naît au début des années 1950, dans les décombres d'une ville

9. Entretien.
10. Entretien.
11. Entretien.

portuaire au seuil du rideau de fer, mais finalement plus proche de Berlin que de Varsovie ; dans un régime communiste, mais dans la position particulière de membre de la *nomenklatura.*

Jusqu'à 15 ans environ, Waldemar Kita semble ainsi avoir accès aux mêmes plaisirs et obligations qu'un jeune garçon d'extraction bourgeoise occidentale : école, catéchisme, cours de piano et leçons d'anglais. Cependant, Kita préfère taper dans le ballon dès qu'il le peut. « On jouait tout le temps au foot dans notre rue », confirme sa cousine de la campagne. Kita relate plus tard avoir joué « dès l'âge de 10 ans dans un club professionnel issu de l'armée » dont on ne retrouve, hélas, aucune trace aujourd'hui, Les seuls clubs militaires polonais importants se situent dans les grandes villes de Varsovie et Cracovie. Il y a bien un club de foot professionnel à Szczecin, mais il est créé en 1948 à l'initiative des *dockers*[12] et pas des militaires. Le Pogoń Szczecin[13] a joué trois finales de la Coupe de Pologne (1981, 1982, 2010) et terminé second du championnat à deux reprises (1987, 2001). Le club joue régulièrement en coupe d'Europe depuis les années 1980 mais c'est une histoire qui reste sans lien avec celle de Waldemar Kita. En revanche, toujours vers 10 ans, à Szczecin le 4 septembre 1963, il est possible que Kita ait vu et ait été marqué par ce match où la sélection nationale polonaise écrase les Norvégiens neuf buts à

12. Article « #717 - MKS Pogoń Szczecin : Portowcy » in footnickname.wordpress.com.
13. https://pogonszczecin.pl/

zéro[14]. Si son passé de joueur professionnel est discutable, il est indéniable que son amour du foot est né dans sa prime jeunesse et n'a cessé de l'accompagner depuis.

Le départ vers la France

Mais tout n'est pas rouge et bleu[15], et la vie en Pologne à cette époque ne peut pas se résumer à un amour insouciant du ballon rond.

Le véritable rôle de l'armée dans la répression des grèves et des émeutes de Poznań en 1956, puis des événements de Gdańsk en 1970 a toujours été un sujet tabou. « Il n'y a jamais eu aucune vraie commission d'enquête, ni pendant ces années-là ni après 1989. Pourquoi ? » s'interroge Bruno Dwreski. « On sait seulement que si les émeutiers mirent le feu à un bâtiment public assiégé, l'ordre officiel – donné par Varsovie – était que les forces de l'ordre, y compris les forces de l'ordre armées, devaient tirer en l'air puis, si cela n'était pas efficace, viser les pieds… jamais le ventre. » Or des ventres furent visés, à plusieurs reprises et de manière courante dans plusieurs villes. « Pourquoi ? » « Les ordres de Varsovie ont tout le temps été falsifiés. » avance l'historien.

Le père de Waldemar Kita est mort pendant cette période troublée. Officiellement la cause du décès est un arrêt du

14. Article « La Pologne humilie la Norvège 9-0 en match amical », *Athlet.org*.
15. Couleurs du maillot du Pogoń.

cœur. Mais les purges extrajudiciaires étaient monnaie courante. Fut-il un exécutant zélé ou un témoin gênant ? A-t-il payé pour d'autres ? A-t-il été abattu lors d'une grève ? Ou est-ce sans corrélation et n'est-il effectivement mort que d'une simple maladie ?

Jean-Marc, ancien collaborateur de Waldemar Kita dans ses nombreuses aventures entrepreneuriales, nous confie que, selon lui, « il y a un malheur dans cette famille qui est sans doute d'origine militaire, mais en vérité on ne sait pas[16]. » Une ancienne proche de la famille Kita a quant à elle des termes très crus pour qualifier l'histoire du père « officier » : « C'est du *bullshit* ! Son père n'a jamais été militaire », affirme-t-elle, sûre de ce qu'elle sait. Puis, elle nuance, « en fait, personne ne connaît son histoire, même pas ses propres enfants », résume-t-elle. En tout cas, il y a quelques années, cette intime a eu l'occasion de se rendre à Szczecin, dans la maison que Waldemar y conserve, pour un événement lié à la famille Kita : « C'était la grisaille. Y'a aucune photo du père dans cette maison, c'est vide, c'est triste[17] ».

Waldemar Kita raconte être parti de Pologne « à l'âge de 15 ans avec sa mère, deux valises en main[18] », à la fin des années 1960. « Moi il m'a dit en 1968 », dit une femme qui a croisé sa route. À ses amis, collaborateurs ou partenaires qu'il a fréquentés tout au long de sa vie, Kita raconte « l'horreur

16. Entretien. Le prénom a été changé.

17. Entretien.

18. Catalogue LFP.

de cette fuite » et « les cauchemars » qu'il fait encore. « Il m'a raconté avoir fui en train, dans des wagons bondés, avec des gardes en uniforme et des chiens qui aboient partout », raconte l'un de ses anciens collaborateurs.

Mais « en réalité, on est assez loin de l'histoire du petit garçon arrivé avec sa valise et qui a fait fortune », selon une autre ancienne associée dans les colonnes d'un journal parisien en 2008[19]. S'il ne s'agit pas de remettre en question les conditions matérielles sans aucun doute pénibles de cette fuite et le traumatisme qu'elle a pu représenter pour un enfant déraciné qui vient de perdre son père, migrer de Pologne n'a jamais été une affaire difficile au niveau diplomatique. On pouvait assez facilement venir en touriste ou pour voir sa famille et s'installer à l'Ouest. Contrairement à la situation dans laquelle se trouvent beaucoup de migrants d'hier et d'aujourd'hui, la plupart des Polonais recevaient sans trop de difficultés leur passeport après 1956. C'était du moins le cas pour celles et ceux qui n'étaient pas des opposants déclarés, « encore qu'il arrivât que même concernant ceux-ci, le pouvoir préférât les voir quitter le pays », précise Bruno Dwreski.

Kita et sa famille – sans le père donc – arrivent en France entre 1967 et 1970[20]. Ils s'installent près de Grenoble, en Isère, chez une tante, dans une petite ville s'appelant La Mure. Partout

19. Article « La vraie nature de Waldemar Kita », *Le Parisien*, 12 septembre 2008.
20. Article « Kita, un petit Aulas à Nantes », *Lyon Mag*, 24 novembre 2008.

où il peut, peu importe qui il croise, surtout pour ses affaires, Kita revendique sans cesse son ancrage murois comme pour signifier son attachement à ce territoire industriel et montagnard[21]. Quand Kita débarque sur le plateau de la Matheysine, dans le massif des Écrins, dans ces années-là, on vient d'annoncer la fermeture des mines qui mettront trente ans à cesser d'être exploitées. Trente ans d'expectative et de colère sociale. « C'étaient les plus petites mines de France mais aussi les plus hautes. C'était périlleux et pas très compétitif », évoque Guillaume Benoist, directeur du musée de la Matheysine. Aujourd'hui, cinquante ans après, « on se bat contre une image caricaturale », confie-t-il. Il est vrai que La Mure traîne une image de déclin contrairement au Vercors ou au l'Oisans, « pays » voisins et riches de leurs stations de ski et de loisirs touristiques. Son hôpital se meurt peu à peu, le cinéma tourne encore mais les jeunes s'y installent moins, la reconversion touristique peine et des classes ferment.

Pourquoi choisir La Mure et non Paris ou une grande ville ? La mère de Kita atterrit dans ce petit coin d'Isère car une de ses sœurs y réside. Elle y avait rejoint, quelques années auparavant, son mari, « grand diplômé » en Pologne, devenu chauffeur de taxi en France. L'immigration fonctionne comme ça. Au début du XXe siècle, quand grandit son rayonnement industriel, La Mure connaît en effet plusieurs vagues de travailleurs étrangers pour faire face à la demande en main-d'œuvre :

21. Entretien.

d'abord des Italiens, puis des Espagnols, des Polonais (Les parents de Michel Zewulko, gardien de but de l'OL, champion de France 1962), des Yougoslaves et des Turcs à la fin des années Giscard. Au départ, la deuxième vague de travailleurs, celle des Polonais, s'intègre difficilement car elle se heurte au racisme des mineurs italiens, pourtant victimes eux aussi à leur arrivée du rejet des gens du coin. Plus tard, la communauté polonaise devient plus nombreuse, plus installée et se déploie : lieux de culte, clubs sportifs. Elle fonde même sa propre structure d'accueil des nouveaux arrivants et de prise en charge de leurs enfants. La « maîtresse » polonaise y enseignait la langue et les traditions polonaises (comme les danses folkloriques). La Mure, où la Grande-Rue est surnommée « la petite Varsovie », connaît un fort développement industriel. « Le travail était dur mais grâce aux luttes les mineurs gagnaient mieux leur vie », analyse Guillaume Benoist. Mais ces jours sont comptés. Aujourd'hui, beaucoup de ces ouvriers polonais sont partis, de nombreux autres sont restés, puis y sont morts. Demeurent alors les veuves. « Y'a un côté insulaire très fort à La Mure. Tout le monde se connaît » affirme Évelyne, fringante sexagénaire y ayant résidé toute sa vie[22]. Très engagée dans la vie locale, Évelyne cherche activement à nous aider à trouver sur place des « vieux », des « vieilles », quelqu'un ou n'importe qui qu'aurait pu connaître Waldemar Kita à l'époque. En vain. « Kita vient

22. Entretien.

de La Mure ? Il connaît La Mure ? Ce n'est pas réciproque ! » s'étonne-t-elle donc, avec un léger sourire mais visiblement déçue après des semaines de recherches infructueuses. De son côté aussi, Guillaume a compulsé les archives mais son rapport de fouilles arrive aux mêmes conclusions.

Finalement, Évelyne retrouve tout de même l'un de ses amis, membre de l'équipe de foot du coin. L'homme se souvient bien avoir « discuté » avec Kita, mais il ne l'a croisé qu'une fois, sur le chemin d'un entraînement. « La discussion s'était vite arrêtée car Kita ne parlait pas français », relate Évelyne. Loin de sa vie débordante de jeune ado en Pologne, Kita raconte lui-même les difficultés de communication qui l'isolent lors de son arrivée en France, l'ennui de ces journées passées sur les bancs d'une école remplie d'élèves bien plus jeunes que lui, dans ce petit coin de France qui s'avère en plus être avant tout une terre de rugby.

Comme à Szczecin, les traces effectives que nous avons trouvées du passage des Kita laissent peu de doutes face au fait que Waldemar n'y soit pas resté longtemps. Mais alors pourquoi se revendiquer aussi souvent de cet endroit ? Sans doute car c'est ici son premier souvenir français. Sans doute aussi parce que, comme pour la Pologne, « la séquence La Mure » lui sert opportunément à légitimer son ancrage territorial pour les nombreuses et fructueuses affaires qu'il mène dans la région alpine[23].

---

23. Article « De La Mure à la Haute-Savoie, l'étonnant parcours de Kita, président du FC Nantes », *Le Dauphiné Libéré*, 28 avril 2021.

Kita Cursus

Pendant que sa mère et sa sœur demeurent à La Mure, Kita est envoyé en internat pour garçons, dans un établissement catholique du côté de Changis-sur-Marne, petit village de Seine-et-Marne. Après ces quelques années passées chez les curés, Kita cherche à s'orienter en médecine mais il n'est pas sélectionné. Il se dirige vers le droit. Il sort deux ans plus tard de la fac de Grenoble bredouille de diplôme. C'est peut-être un peu par défaut qu'il se dirige alors dans le domaine de l'optique. « Il faisait souvent allusion au lycée d'optique de Morez[24] », se rappelle un vieil ami. « Je crois qu'il a fait Morez », dit un ex-collaborateur, sans en être vraiment sûr. Le lycée de Morez, est l'un des plus anciens et réputés lycées de formation des opticiens et optométristes en France, situé dans cette terre du haut Jura, berceau historique et mondialement connu de l'industrie lunetière française. Cependant d'autres sources, interpellées sur cette histoire de diplôme balbutient quelques mots avant d'avouer qu'elles n'en savent rien, finalement. Sur place, Eléa, la jeune chargée de mission du musée de la lunette, à Morez, nous annonce : « Je n'ai pas trouvé la trace de M. Waldemar Kita dans l'annuaire des anciens élèves en optique de Morez. » Elle précise : « Je n'ai pas non plus trouvé mention de son nom dans les revues

---

24. Article « Histoire et perspectives - lycée Victor-Bérard - Morez dans le haut Jura », in lyceemorez.fr

de l'association des étudiants en optique recensant certains noms de bizuts de première année (dont il aurait pu faire partie sans avoir décroché son diplôme). » Les recherches menées dans les autres lycées d'optique de l'époque ne donnent rien. Kita aurait-il inventé son diplôme ? Nous n'avons pas pu en avoir le démenti par le principal intéressé. Cependant, il faut noter que pour entrer dans le monde de l'optique, le diplôme n'était alors qu'un avantage. « Pas besoin d'un diplôme à l'époque pour devenir opticien optométriste », indique Dominique Cuvillier, expert du secteur de l'optique. Cela est de toute façon loin d'empêcher Kita de connaître une réussite fulgurante dans ce monde très fermé.

Sur le plan personnel, « c'est durant sa fin d'adolescence qu'il rencontre Chantal », celle qui deviendra son épouse, croit se souvenir Jean-Marc, un de ses anciens employés. « Chantal promenait son berger allemand autour du terrain de foot pendant qu'on jouait. Ils ont sympathisé comme ça »[25]. se souvient plus précisément Jean-Pierre Soulat, ancien élu de la Ferté-sous-Jouarre, resté quarante ans aux côtés des Kita. Chantal Kita, née Martin, vient d'un milieu de modestes cultivateurs. La future épouse de Waldemar grandit dans une famille de quatre sœurs. Titulaire d'un CAP de comptabilité, Jean-Pierre retient de Chantal l'image « d'une travailleuse

25. Entretien.

acharnée, secrétaire d'un grand patron d'une grosse société de quincaillerie » de la région parisienne. Dans les années 1970, Kita arrive chez ses beaux-parents « en santiags et cheveux longs » et se heurte à des individus mal disposés à son égard. Selon une ancienne proche de la famille « au départ les beaux-parents, ils n'en veulent pas du petit Polonais. » « Ils sont tellement racistes qu'ils détestaient même les Espagnols et les Portugais ! » soutient celle qui a côtoyé cette famille pendant de « trop nombreuses années » à son goût.

Néanmoins, Kita finit par se faire accepter et les deux amoureux se marient au printemps 1981. « À son mariage, Waldemar a fait une imitation de Claude François, c'était à mourir de rire », s'émeut encore Jean-Pierre. Les jeunes mariés emménagent dans une maison mitoyenne à celle des beaux-parents. « Genre maison d'ouvriers avec un petit jardinet, proche de la voie ferrée », se souvient Jean-Marc, pour y avoir dîné « assez souvent ». Si aujourd'hui la luxueuse maison des Kita est dotée d'un court de tennis, à l'époque l'équipement était d'un autre standing : « y'avait des télés partout qui diffusaient des matches de foot ». « C'était un petit couple très humble », dit-il, visiblement nostalgique. « Ça a toujours été table ouverte chez les Kita. Lui il était généreux avec tout le monde », tient à souligner Jean-Pierre. Un an plus tard, le couple donne naissance au premier de leurs deux enfants, un garçon baptisé Franck. Entre-temps, Waldemar accède à la nationalité française. Les affaires vont pouvoir commencer.

Chapitre 2

La naissance d'un patron

Avant d'être président de clubs de foot, Waldemar Kita est un homme d'affaires à la carrière fulgurante et contrastée. Retour sur les premières années de cette trajectoire d'un businessman qui navigue entre optique et esthétique.

Premier pas dans l'optique

Les premières lentilles de contact datent du début du siècle dernier mais il s'agissait de lentilles en verre, peu pratiques et peu hygiéniques. La véritable révolution technologique arrive avec l'avènement des lentilles de contact en plastique souples et jetables. « Les premières lentilles de ce type arrivent au début des années 1970, ça apporte un éclairage sur cet objet et un nombre de porteurs plus important », indique Dominique Cuvillier, expert du domaine de l'optique[26].

---

26. Entretien avec Dominique Cuvillier réalisé en juin 2022.

« Dans les années 1970, il manquait à ce secteur des acteurs. Ce sont les années Giscard, les années d'après 1968, synonymes d'une certaine libération. Les mentalités se transforment sur plein de sujets, notamment l'individualisation des pratiques, etc., et les lentilles de contact participent de cette libération. L'attrait pour les lentilles est fort car c'est un objet très pratique et confortable », complète le jeune consultant. Waldemar Kita n'a pas été un précurseur mais il s'engouffre intelligemment dans ce marché, reconnaît Dominique Cuvillier : « Il a eu le nez creux. Il arrive à la bonne période. »

Le secteur de l'optique est un secteur très conservateur, « un secteur de rente », précise l'expert. Les opticiens ont fait fortune grâce aux systèmes de remboursement par la Sécurité sociale et les mutuelles. Ils n'aiment pas faire la promotion des lentilles de contact – qui au départ ne sont pas remboursées. Mais il faut relativiser : « Le commerce des lentilles de contact ne s'est jamais fait au détriment des lunettes. Les opticiens ont eu peur à l'époque, mais c'était un danger relatif pour la simple et bonne raison qu'un porteur de lentilles est aussi un porteur de lunettes. Les lentilles sont des produits adaptés à des moments donnés de la vie, pour le sport, etc. Et puis, ce n'est que 10 % ou 12 % du marché global de l'optique », tempère Dominique Cuvillier.

Au-delà, si les opticiens observent l'arrivée des lentilles d'un mauvais œil, c'est qu'ils « voient dans les lentilles un déclin de la noblesse de leur métier, la fin d'un savoir-faire, d'une expertise », ajoute Dominique Cuvillier. Globalement, les laboratoires promeuvent et composent directement avec l'ophtalmologue qui, à son tour, fait faire les tests au patient et les conseille. Dans cette histoire, l'opticien devient un intermédiaire assez « passif ».

Mais si les lentilles ne plaisent pas à tout le monde, elles éveillent l'enthousiasme chez d'autres types de profils. On arrive à cette charnière des années 1980, communément incarnée par les figures de Reagan et de Thatcher, où l'évolution des marchés fait la part belle aux entrepreneurs aventureux. Ophtalmologues et laboratoires tirent profit d'un certain manque de régulation fiscale, sociale et d'un déficit déontologique.

C'est dans cette atmosphère que se fait la rencontre entre Kita et l'entreprise Revlon, marque américaine aujourd'hui encore florissante, mais dont la branche optique a désormais disparu des présentoirs. Avant et après avoir exercé dans le marché de l'optique, Revlon est avant tout une marque de cosmétique prospère qui, en 1975, est soucieuse de diversifier ses activités et souhaite « réduire [sa] dépendance [...] à l'égard des rouges à lèvres et des parfums en rachetant des entreprises du secteur de la santé, notamment des fabricants de lentilles de contact, de médicaments contre l'acné, de pilules antiacides [de la marque] Tums et d'appareils d'analyse du sang[27]. » Elle acquiert alors Coburn Optical Industries, un fabricant

27. Article « Michel Bergerac's Pay as Revlon Executive Raised Eyebrows in 1970s », *The Wall Street Journal*, 16 septembre 2016.

d'équipements et de fournitures pour l'ophtalmologie et le traitement optique basé aux États-Unis. Barnes-Hind, l'un des plus grands distributeurs américains de solutions pour lentilles de contact dures, est acheté en 1976 et renforce la part de Revlon sur le marché des soins oculaires. Revlon achète enfin Armour Pharmaceutical Company[28], une branche d'Armour and Company, une entreprise d'agroalimentaire, en 1977. Ces acquisitions dans le domaine de la santé et surtout de l'optique permettent alors à Revlon d'atteindre le chiffre de près de deux milliards de dollars de ventes en 1979. Le marché est en pleine explosion et l'entreprise trouve des hommes en France. Revlon, par le biais d'Hubert Bruno Willerval, devient patron des sociétés Coburn et Barnes-Hind spécialisées dans la chirurgie intraoculaire, des implants pour la cataracte et des lentilles de contact. Willerval fait alors appel à Kita pour devenir directeur commercial de la marque Revlon Vision Care, et démarrer la distribution des lentilles de contact et des implants intraoculaires en France.

Au moment de son recrutement, Kita en avait déjà fini avec sa pratique d'opticien-monteur, se rappelle un lointain associé. Quelques années plus tôt, Kita débute en effet dans l'optique par des stages dans le Lavandou, puis passe huit ans à Paris chez un opticien. « Il était bon, connu et reconnu » dans ce travail artisanal de l'optique mais « il était agacé car il

28. Article « Revlon Set to Buy Armour Druz Units », *The New York Times*, 6 juin 1977.

se coupait les doigts constamment avec les lunettes en verre et le polissage de lentilles[29]. » S'échappant rapidement de l'arrière-boutique de la rue Miromesnil, il s'oriente alors vers une carrière de commercial en optique chez Luneau, une marque française de la santé visuelle, spécialisée dans les matériels ophtalmiques et les appareils de diagnostic. Dans le même temps et jusqu'à ce qu'il soit nommé chez Revlon, il continue tout de même à cultiver son réseau naissant et poursuit une activité d'optométriste à l'Hôpital Fondation Adolphe de Rothschild à Paris, « où il était très apprécié », se souvient un ancien collègue. Il rencontre quelques-uns de ses futurs partenaires là-bas.

L'amour foot

Bien que ses nouvelles affaires l'accaparent, Kita reste un joueur de foot assez actif durant les années 1980. Il évolue à cette époque dans le club de la Ferté-sous-Jouarre, club de Seine-et-Marne, en Division d'honneur (DH), aujourd'hui équivalent de Régional 1 (R1). Kita qui affirme avoir été alors « promis à un bel avenir en tant que joueur se révèle être un avant-centre au tempérament de « teigneux » et de « gagneur », attirant « la haine sur son côté droit ». Une hostilité qui lui vaut d'être la cible des jeunes défenseurs des équipes adverses de sa région. À tel point qu'il s'est fait casser la même jambe deux fois.

29. Entretien.

« Oui, une fois en Coupe de France, avec la Ferté-sous-Jouarre », se souvient Kita. Il refuse le plâtre et préfère qu'on lui mette un clou dans le tibia mais la double fracture du tibia-péroné n'est pas totalement guérie et « la même jambe se brise sous l'impact d'un tacle deux ans plus tard[30]. »

Kita doit alors se résoudre à quitter la pelouse. Mais rien n'est figé, il dispose d'autres ressources pour devenir un grand du football : son futur pactole et son réseau.

Les débuts de Corneal

En 1986, Revlon Vision Care est racheté par Pilkington PLC, le Saint-Gobain britannique. Kita est alors l'objet d'un licenciement économique. Mais il est loin d'être à court de ressources. Cela fait déjà plusieurs années qu'il songe à créer sa boîte. Il commence en tentant de monter des entreprises en lien avec des ophtalmologues d'Amiens et le docteur Guérin d'Aulnay-sous-Bois. Mais le contexte n'est alors pas très bon et il connaît quelques difficultés financières. C'est alors qu'il entend parler d'une entreprise, Domilens, à Lyon, qui cherche à distribuer ses implants intraoculaires, matériel essentiel pour les chirurgies de la cataracte. Il sent le bon filon, manifeste son intention de racheter le stock, puis de le vendre à son réseau. Les banques sont réticentes. Pas un centime ne lui sera prêté par celles-ci,

30. Article « FC Nantes : il valait quoi Waldemar Kita quand il était footballeur ? », *20 Minutes*, 25 janvier 2017.

mais il parvient à trouver les partenaires et l'argent nécessaires. Il démarre avec à peine 50 000 euros mais il peut compter sur les talents de gestionnaire de son épouse, qui, alors comme toujours, tient les cordons de la bourse.

Kita a eu du flair et est bien entouré. Le segment de marché dans lequel il se lance est en très forte croissance grâce au développement du marché de la chirurgie de la cataracte. Bref, l'histoire de son entreprise, Corneal, débute comme une *success story* façon Hollywood.

L'aventure démarre dans le garage d'une maison d'Annecy, rue des Alouettes, à quelques centaines de mètres de la rivière-torrent le Fier. Pour produire des implants intraoculaires, « on avait monté un atelier de production. C'était du sérieux », se souvient Jean-Marc, ancien collaborateur. Kita convainc, séduit, vend. Il sait s'entourer de soutiens et fédérer autour de sa personne. Quoique sans ressemblances entre elles, les personnes qui l'entourent trouvent toutes un intérêt commun à sa fréquentation : le défi. Hormis Willerval, son ancien patron de Revlon, et un important investisseur nommé Lesauvage, ce sont tous de jeunes hommes presque tout frais sortis de l'école : ingénieurs, commerciaux, chirurgiens. Tous placent un grand espoir en Kita et en son entreprise. « J'ai rencontré Kita dans les années 1980. Il faisait confiance facilement, il m'a fait confiance facilement. Il a une très grande force de caractère. En tout cas, il en a eu pour se sortir de sa condition », se souvient Jean-Marc[31] ancien collaborateur. Quant à Bernard, ex-employé, il déclare qu'« à l'époque, il n'a eu peur de rien. C'était vraiment une période exceptionnelle[32]. »

1987, le succès va vite. Corneal embauche à tour de bras. L'entreprise grossit à vue d'œil. « Il y avait de la croissance, de la rentabilité, les dettes de départ sont remboursées », se souvient Jean-Marc. Kita ne néglige rien, il est à l'affût de la moindre technologie, il est curieux de tout. Il fascine autant qu'il intrigue tous ceux et toutes celles qui croisent son chemin. « C'est un travailleur, il a appris le français sur le tard. C'est un bosseur. Il était doué pour le sport, il n'abandonne jamais, il dépense beaucoup d'énergie », se souvient un commercial qui l'a fréquenté à l'époque. Dans les années qui suivent, le « bac + 2 », comme il se considère, lui-même arrive même à convaincre tous les plus grands ophtalmologues de France d'utiliser ses produits. « On a eu du flair. On s'est retrouvé à la conjonction de trouver les bonnes technologies et la chute d'un concurrent » se souvient un ex-partenaire. « On était accueilli dans les plus grands services d'ophtalmologie de France et en dehors. On est même allé à l'hôpital de Liège dans le service du professeur Galand où il mettait au point une nouvelle technologie… » nous raconte Jean-Marc. Après seulement un an d'existence, Corneal implante sa

31. Entretien. Le prénom a été changé.
32. Entretien. Le prénom a été changé.

première lentille fabrication maison sur un homme. Dans la presse et dans les témoignages, Kita aime employer systématiquement ce *leitmotiv* appris de son grand-père, (ou, selon les jours, de sa grand-mère) : « Faut pas penser à l'argent, faut penser au client, faut faire les choses bien et l'argent viendra tout seul. »

Kita sait aussi tirer profit de son lien avec la Pologne à des fins commerciales. La chute du mur de Berlin en 1989 signe l'ouverture de nouveaux marchés à l'Est pour Corneal, qui se développe plus largement à l'international. Cinq ans après sa création, Corneal se targue d'assurer « une présence de la marque dans le monde entier[33] » avec des filiales créées en Allemagne, en Espagne et en Suisse puis assure la distribution de ses produits aux quatre coins du monde : Scandinavie, Grèce, Canada, Tunisie, Maroc, Turquie, Corée du Sud, Tchécoslovaquie, Pologne.

C'est aussi l'époque d'une première mise en relation, discrète et professionnelle, de Kita et de la ville de Nantes. Corneal, entreprise haut-savoyarde, cherche en effet à étendre sa toile également sur l'ensemble de la France. Un ancien collaborateur évoque ces moments : « Il fallait des régionaux. Kita installait des types de la boîte dans chaque région pour faire croire qu'on avait un ancrage local. [...] D'ailleurs, on allait très souvent à Nantes faire du *business*, se rappelle-t-il, et on mangeait à *La Cigale*.[34] »

33. Texte « Corneal, un nouveau regard sur la technologie de l'œil », *Plaquette de présentation de l'entreprise*, 2001.
34. Brasserie de fruits de mer réputée dans le centre de Nantes.

Jean-Pierre Soulat, son ancien ami de Seine-et-Marne, le voyait toujours à cette époque et il est sûr que Kita « a découvert Nantes » grâce à lui. « J'ai présenté Kita aux grands joueurs de Nantes dans les années 1980 ; les José Touré, les Bruno Baronchelli, les Maxime Bossis et les Gilles Rampillon, je l'ai mis en contact avec toute cette génération ! »

À cette époque, Kita fait grandir son entreprise qualitativement, tout autant que quantitativement. Il ne cherche pas seulement à conquérir de nouveaux marchés, mais aussi à se diversifier et à tenir le haut du pavé de l'innovation. Dans un ouvrage paru en 2015 et intitulé *La molécule magique qui a amélioré la vie de millions de personnes*, l'auteur Börje Svensson[35] revient en partie sur le point de bascule qui lance Corneal dans la cour des grands : l'acide hyaluronique. « Après un certain temps, Corneal s'est rendu compte d'un obstacle imprévu à la vente des lentilles intraoculaires. Un composant nécessaire lors de l'implantation de lentilles intraoculaires est l'acide hyaluronique. Pour des raisons de commodité, la plupart des ophtalmologistes préfèrent acheter les lentilles intraoculaires et l'acide hyaluronique sous forme de paquets. » En deux ans, grâce « au transfert de connaissances » d'une entreprise suédoise, Corneal va produire son propre acide

35. Börje Svensson, « *The Magic Molecule that has improved the lives of millions* », Linköping University Electronic PressLinköping, Sweden, 2015.

hyaluronique, essentiellement à partir du broyage industriel de crêtes-de-coq. En 1994, cette société suédoise va former les gens de Corneal « à élever et à abattre des coqs, à extraire l'acide hyaluronique de leurs crêtes et à homogénéiser et purifier l'acide hyaluronique[36]. » Le procédé est une réussite. Corneal se diversifie. Kita aime raconter que Corneal est à l'époque la seule entreprise cotée en Bourse à posséder son propre poulailler et avoir un boucher comme salarié. La réalité est moins pittoresque selon Jean-Marc : « En fait, Corneal était en contrat avec une coopérative installée dans la Drôme et une ferme industrielle en Suède. Le boucher y allait deux fois par an. Vous imaginez le chant de dix mille coqs à l'unisson dans une zone industrielle de Haute-Savoie... ? ». La crête-de-coq pour nos yeux donc, et le reste partait en croquettes pour nos chiens.

Premiers flirts avec la zone grise

Comme l'argent, Waldemar Kita ne dort jamais. Il faut grossir encore et encore. Il faut trouver des capitaux. Heureusement, de nombreux ophtalmologues croient en cette technologie et s'empressent de frapper à la porte de Kita pour entrer au capital de l'entreprise. Selon Jean-Marc : « Toute une série de médecins a rejoint Corneal. C'était monnaie courante pour tout le monde. » Une tolérance face à des situations

36. « *The Magic Molecule..* » opus cité

propices aux conflits d'intérêts devenue progressivement intolérable pour le législateur pour des questions de santé… et de comptes publics. « En effet, à la fin des années 1980 – début 1990, écrit le chirurgien orthopédique Philippe Merloz, certains [médecins et/ou chirurgiens] se sont vus offrir par des fabricants de matériel chirurgical ou des laboratoires pharmaceutiques des “cadeaux”, le plus souvent sous la forme d'une prise en charge complète des frais liés à leur participation à des congrès ou des formations dites “postuniversitaires” (inscription, hébergement, transport et repas). Les dérives sont devenues rapidement visibles avec notamment l'organisation de congrès et réunions diverses à l'étranger et souvent éloignés de la métropole (outre-mer, Asie, Amérique du Nord…). La participation des conjoints était courante et souvent offerte… Mais il y avait aussi d'autres “cadeaux” se présentant sous des formes diverses (fourniture de matériel informatique ou de bureau, rémunération pour la pose d'implants, financement de travaux scientifiques comme des thèses ou bien de réunions festives, etc.) … Dans le même temps, la Caisse nationale d'assurance maladie (CNAM) avait dénoncé ces pratiques en soulignant que celles-ci étaient en fait financées avec l'argent de la Sécurité sociale[37]. En 1992, une affaire de “dessous-de-table” concernant la pose préférentielle d'un modèle de prothèse de hanche a conduit les ministres de l'Économie et des Finances

37. Article « Loi Anti-Cadeaux », *Sofcot.fr*, 16 décembre 2020.

(M. Sapin) et de la Santé (B. Kouchner) à étudier des modalités destinées à assainir les relations entre les professions médicales et les industriels de santé. »

En 1993 donc, le législateur tape du poing sur la table. La loi Bérégovoy, première des « lois anti-cadeaux », est votée. Elle vise à mettre fin à ces pratiques opaques, mais en l'espèce elle va surtout les encadrer. Il faudra attendre 2011 et le scandale du Mediator pour limiter plus drastiquement ces dérives[38]. Aucun des nombreux ophtalmologues que nous avons contactés n'a souhaité répondre à nos sollicitations à propos de cette époque.

L'entrée en Bourse de Corneal : le carton

1994, tout va bien pour le laboratoire Corneal qui remporte le Trophée d'or des meilleures PME européennes[39]. Deux ans plus tard, Corneal obtient le prix de l'Entreprise de l'année de la Haute-Savoie « pour sa stratégie originale et pour son dynamisme global ».

Néanmoins, le véritable succès pour Kita survient en 1997 : la société Corneal industrie entre en Bourse, au second marché. « C'est un carton ! » affirme Robert Milej, l'ancien directeur communication de la société Corneal.

---

38. Dossier « Affaire du Mediator, tout savoir sur ce scandale sanitaire », *La Croix*, 2021.
39. Article « Le Ve Trophée européen des PME françaises donne sa palme d'or à Corneal », *Les Échos*, 9 juin 1994.

« C'est de là que vient sa fortune, précise-t-il. Y'a eu des aléas mais il a toujours voulu être majoritaire, 51 %, puis 75 %, il a toujours voulu être le patron. » confirme l'ancien journaliste. Au bout d'un an, Kita se retrouve à la tête d'un capital professionnel estimé à environ 408 millions d'euros d'aujourd'hui. En 1998, l'entreprise de Kita franchit le cap des 980 000 euros de chiffre d'affaires et détient désormais le quart du marché français et 10 % du marché européen[40].

Un patron brutal

Cette apothéose professionnelle ne s'est pas faite sans faire de pots cassés. Il y a un avant et un après l'entrée en bourse. À partir de ce moment, Kita change de comportement et de pratiques, s'accordent tous les témoins rencontrés. Son train de vie se métamorphose du jour au lendemain et l'homme, jusque-là qualifié de peu dispendieux, se transforme en acheteur vorace. Son appétit s'attache aux produits les plus luxueux : appartement dans les quartiers chics, *yacht* et jet privé.

Ce basculement est resté dans la mémoire de Jean-Marc comme un souvenir douloureux : « Kita n'était pas du genre à claquer l'argent. Sa femme et lui étaient des gens très simples [...]. Cette histoire de bourse lui est montée à la tête. On passait des petits-déj' horribles avec les directeurs financiers où il racontait des histoires, où ils essayaient de tricher sur les

40. *La Vie française, opus* cité.

marchés. Il a toujours eu une appréhension avec ce monde de la finance car ses études n'étaient pas très hautes. Avant ça, il avait encore des scrupules, il était embêté par ce système, puis il a changé. »

Kita ne supporterait plus que l'on conteste ses choix. La défiance semble l'envahir. En échangeant avec plusieurs sources, un trait ressort d'au moins quatre témoignages : une propension au soupçon. « Les dernières années de notre collaboration, il est devenu parano, tendance pervers narcissique. Il appliquait avec rigueur la politique consistant à diviser (les gens) pour mieux régner. », d'après Jean-Marc. Cette défiance se focaliserait sur une communauté particulière : « Il avait des délires antisémites », selon un ex-employé.

Waldemar Kita collabore pourtant régulièrement avec les personnes de confession juive, mais il interpréterait leur présence dans les milieux qu'il fréquente comme la preuve de l'existence d'un « *lobby* » selon deux autres témoignages, et se serait senti menacé. « Au départ, il était très prudent dans ses divagations, puis il explose dans ces années-là », se rappelle Jean-Marc.

Les angoisses paranoïaques de Kita ne s'arrêtent pas là. Il craint qu'un complot plus grand soit ourdi contre sa personne. Son comportement devient toxique envers de nombreux collaborateurs et il crée un climat lourd et suspicieux, en commençant notamment à répandre des rumeurs, « des choses sordides et cruelles sur untel, qui est un pédophile, machine, qui est une salope, etc. » L'une des affaires caractéristiques de la gestion maltraitante dont il fait preuve à cette époque est celle qui l'a opposé depuis à Théodore F. L'ex-délégué syndical de l'entreprise a fait condamner Kita en 2008 à un mois de prison avec sursis et dix mille euros d'amende pour harcèlement moral et entrave à l'exercice du droit syndical. Cet ancien ingénieur déclare ainsi dans une interview donnée au Parisien : « Pour résumer, il se prend pour Dieu en personne, ne connaît aucune limite, aucune loi. La loi, c'est lui qui la fait[41]. »

À la charnière des années 2000, beaucoup estiment alors qu'il est temps de partir. Des jeunes loups du départ, il n'en reste quasiment plus aucun. « Je n'étais pas d'accord avec ses méthodes de travail... Par exemple, faire des cadeaux, tout le temps, pour acquérir des marchés publics. J'ai quitté Kita pour des raisons éthiques. Rien à voir avec les comptes », précise Jean-Marc. Même dans les nouvelles équipes, on s'aperçoit de son changement de comportement : « Il m'a placardisé. Puis il m'a viré comme un salopard », confie Robert. Une ancienne salariée, Nadine[42], a « certains reproches » à faire à Kita mais ne souhaite pas en dire plus, ce dernier lui ayant « permis de construire une formidable

41. Article « PSG-Nantes : la vraie nature de Waldemar Kita », *Le Parisien*, 12 septembre 2008.
42. Le prénom a été changé.

carrière dans le monde de l'ophtalmologie alors qu'[elle] n'y [connaissait] rien. » « Je lui en serai toujours reconnaissante », conclut-elle.

Nombre de ses proches de l'époque considèrent que le *pactole* soudain offert par la bourse a profondément changé l'homme.

> ***Au-delà de Corneal : un exemple de flirt avec la zone grise.. Leaderm***
>
> Malgré, ou peut-être en raison de son succès, l'appétit de Corneal grandit.
>
> À la charnière des années 2000, Waldemar Kita commence également à collaborer avec une jeune ingénieure française afin de se diversifier. Au départ pourtant, Kita n'est pas « chaud » de se lancer dans l'esthétique et le cosmétique qu'il aurait qualifié de « milieu d'escrocs » selon un ex-collaborateur. Mais il se laisse convaincre et se met en affaire avec la jeune femme. La société Leaderm est créée. Corneal s'étend au secteur de l'esthétique en commercialisant notamment un produit antirides. Leaderm est alors détenu à 49 % par la jeune entrepreneuse tandis que Corneal obtient 51 % des actifs. En trois ans, la branche esthétique/cosmétique totalise un tiers du chiffre d'affaires de Corneal. C'est à cette époque que, d'après cet ex-collaborateur, le patron de Corneal aurait usé de tous les moyens de faire partir la jeune ingénieure. Or, la jeune femme s'accroche, Leaderm est son invention. « Un matin, elle débarque à la société avec les gendarmes, commission rogatoire à la main » témoigne l'ancien

salarié. « Elle avait dans l'idée de récupérer le « dossier technique » qui détaille en fait les fameux produits de la marque Leaderm ». L'homme aujourd'hui parti, ne se souvient plus s'il s'agissait d'un « détournement de savoir-faire », voire d'un « vol de brevet » mais l'affaire est grave et prise très au sérieux par le parquet qui a traité la plainte initiale. « Il y a un début d'issue au moment des négociations de vente à la multinationale Allergan, se souvient l'ex collaborateur. Les Américains ont contraint Kita et la jeune femme à trouver une solution à l'amiable. » Après des années de procédure, un accord est vite trouvé. La jeune femme retire sa plainte et Kita peut vendre Corneal à Allergan.

Les intéressés, dont la jeune entrepreneuse aujourd'hui devenue femme d'affaires, n'ont pas souhaité répondre.

Chapitre 3

La naissance d'un président

Retour au ballon rond

Le milieu des années 1990 est aussi une période charnière dans la vie de Kita : son retour au foot, par une autre porte. Il avait lâché le ballon rond comme on lâche une passion dévorante et chronophage. Ses fractures avaient eu raison de sa fougue et, l'âge avançant, il ne pouvait plus jouer aussi « virilement » que dans sa jeunesse. Il tapait encore un peu dans le ballon avec ses amis, puis il s'est mis au tennis. Cependant, au bureau, le matin, Kita continuait à commenter les résultats du foot, par passion, mais aussi par intérêt : « Aux médecins, il faut parler de foot et de cul », disait-il tout le temps.

Sans doute née dans l'ardeur de discussions de fin de soirée, l'idée d'acquérir un club de foot semble faire progressivement son nid dans son esprit. Matches de charité, galas, séminaires : dans ces soirées-là, les conversations tournent vite autour du foot, puis les parlotes inconséquentes deviennent des conciliabules. « Tout ça a commencé avec un ophtalmologue de métier, devenu proche de l'AS Saint-Étienne. Kita et lui se voyaient souvent », se rappelle un témoin des fins de soirées entre Kita et les ophtalmologues. De « bons souvenirs » pour ce témoin qui rapporte, entre autres blagues de salle de garde, que ce médecin se vantait de « piquer des joueurs à l'EPO, à la grande époque ». « Ce n'était pas un grand chirurgien mais c'était un bon client ! » s'en amuse-t-il aujourd'hui.

Pourtant, cette entrée dans le monde du foot est loin d'être légère – ni vraiment heureuse. Notre témoin se souvient qu'alors « Kita commence à rencontrer des gens malfaisants, des joueurs, des agents de joueurs et d'ex-joueurs qui le congratulent sans cesse, lui font monter à la tête qu'il est le meilleur et que les autres lui veulent du mal », entretenant savamment l'attitude paranoïaque qui avait déjà commencé à s'emparer de lui. Le témoin s'étonne de la naïveté de Kita, qui selon lui « s'est fait avoir » et « a pris des claques par crédulité », parce qu'il ne « s'est pas méfié ». Fait d'autant plus étonnant que selon lui, le talentueux *businessman* avait fait preuve jusque-là de beaucoup de « prudence dans les affaires ». « Pas pour le reste », se désole-t-il encore aujourd'hui.

Nantes : la première tentative d'achat

En juin 1998, Nantes se distingue une fois de plus dans le football français. Son équipe fanion vient de gagner la coupe de France. Trois de ses figures emblématiques, Marcel Desailly,

Christian Karembeu et Didier Deschamps sont les moteurs d'une équipe de France réalisant un parcours inattendu en coupe du monde. C'est peu dire que le foot était hyperpopulaire à Nantes, les footeux aussi. « Symboliquement, la Coupe du monde revient à La Jonelière, à La Beaujoire, Nantes est championne du monde », peut-on lire en exergue dans un blog nantais[43]. Le FC Nantes reflète alors cette image très forte de football à la nantaise, d'un club « honnête » qui forme ses propres joueurs, d'un jeu élégant, qui fait ses preuves et est imité par tous les grands clubs.

Le docteur et adjoint aux Sports Michel Cordier, représentant de la mairie de Nantes dans les structures du club à cette époque affirme : « Quand on a décidé avec Jean-Marc Ayrault[44] de transformer le FCNA en SA, on a fait un appel d'offres. On a eu cinq sociétés, dont Kita.[45] » En effet, dès que Kita a vent d'une cession des actifs du club, il se porte candidat au rachat de près de 58 % des actions de la SAOS FC Nantes-Atlantique détenue par l'association support. En 1998, Kita se sent prêt : Corneal casse tout en bourse, il a encore une équipe soudée autour de lui, des amis (Imhof et Robin) bons connaisseurs de l'environnement nantais et des associés qui lui font confiance. Ce contexte l'y incite.

43. Article de blog « *France 98 : Nantes, championne du monde* », in dandydenantes.fr, 26 juin 2018.

44. Maire de Nantes de 1989 à 2012.

45. Entretien.

Après des semaines d'allers-retours en jet et de nombreux échanges de fax, la candidature de Kita ne sera finalement pas retenue. L'avocat Denis Provost, du cabinet FIDAL, pour lequel il travaillait à l'époque, était au conseil de l'association support de la société FCNA ; il a un souvenir précis de ce dossier : « Il nous avait semblé que la forte personnalité de Waldemar Kita était peu compatible avec le maintien de l'influence de l'association support dans la gestion du club. [...] Il y a vingt-cinq ans, en 1998 l'association support souhaitait trouver un investisseur pour gérer la société mais elle voulait continuer à y jouer un rôle important. Il nous avait semblé que ce n'était pas compatible avec une reprise par M. Kita, parce que sa personnalité était telle qu'on craignait que l'association n'ait plus voix au chapitre dans la gestion du club. [...] Waldemar Kita était déterminé et avait des idées très arrêtées sur la manière de gérer un club. [...] Par conséquent, il ne donnait pas l'impression de quelqu'un qui avait envie de partager le pouvoir. [...] Dans la mesure où l'association FCNA souhaitait quelqu'un qui soit capable de diriger le club en bonne intelligence avec elle, il est clair que Waldemar Kita n'était pas le bon candidat. Sa manière d'assurer la direction de l'entreprise était trop personnelle pour pouvoir convenir à l'association qu'on conseillait à l'époque. » Michel Cordier confirme le rejet du dossier de Kita en mettant en avant d'autres raisons : « La mairie de Nantes a demandé à des experts-comptables de vérifier tous les comptes. Et Kita n'avait pas les reins assez solides face à Hersant[46]. »

La presse nantaise relaie alors sa déception et celle de Kita. *Presse Océan* fait largement écho au récit de l'homme d'affaires haut-savoyard, grand seigneur : « Je ne veux pas faire de polémique. Je tiens particulièrement à ne pas faire de mal au club et surtout aux joueurs[47] », tandis que *Ouest-France* salue « le parcours du combattant » et « la diplomatique réserve de Kita » dans un article intitulé : « Les ficelles de l'hôtel de ville[48] ».

Tous les témoins confirment en effet que la mairie a apposé son *veto*, mais les réactions de Kita n'étaient pas si « diplomatiques » à en croire Michel Cordier : « Kita n'a pas accepté cet échec. Les lendemains du refus, il a cherché à me voir. Il demandait à Philippe Sourdille[49] de me travailler au corps. Philippe était collaborateur de Kita à l'époque. Je finis par céder. Avec Philippe, on organise alors une rencontre faussement inopinée dans un tunnel de la Beaujoire. Kita me chope, on discute quelques minutes, je lui répète que notre choix ne se porte pas sur lui et que c'est définitif. Mais on ne l'a jamais reçu à la mairie[50]. » L'article de *Presse O* s'interroge et

46. Entretien.
47. Article « Les gros regrets de Waldemar Kita », *Presse Océan*, samedi 4 juillet 1998.
48. Article « Les ficelles de l'hôtel de ville », *Ouest-France*, 4 et 5 juillet 1998.
49. Chirurgien ophtalmologiste. Directeur de la clinique Sourdille, institution nantaise, et longtemps président de l'Association française des implants intraoculaires.
50. Entretien.

conclut ainsi : « Waldemar Kita est-il définitivement perdu pour Nantes ? Peut-être pas. Sous la pression de l'opinion publique, une volte-face n'est pas impossible. » Et, il cite les propos de Kita : « Cette fois, le rôle sera inversé. Je ne serai pas demandeur ! »

Finalement deux ans plus tard, en juin 2000, à l'issue d'un conseil d'administration, le FCNA décide de retenir la candidature du groupe Socpresse-Le Figaro, filiale du groupe Hersant (125 oui, lors de l'assemblée, contre seulement 23 non)[51]. Le groupe s'engage à payer cent cinquante millions de francs sur trois ans, dont soixante millions directement. Socpresse « acquiert l'association détenant 92 % des parts de la société anonyme à objet sportif qui gère les activités professionnelles[52]. » Du reste, Pascal Bolo attire l'attention sur le fait qu'« en 2000 le seul repreneur c'est la Socpresse. Il faut se souvenir que c'est l'époque des grands groupes de communication dans le football ».

En 2004, Serge Dassault reprend la Socpresse et hérite au passage du FCNA. D'emblée, « Dassault explique à Gripond que le centre de formation n'est pas une bonne école car elle est gratuite », dévoile Pascal Bolo. « Dès cette époque, Dassault n'a qu'une hâte, c'est de se débarrasser du FC Nantes. »

51. Article « Le club n'intéressait pas la Socpresse », *20 Minutes*, 16 mai 2007.

52. Article « Le FC Nantes cède l'équipe pas les murs », *Libération*, 9 juin 2000.

De fait, l'absence d'alchimie se transforme vite en une « haine » qui durera trois ans entre l'avionneur et le club nantais, comme le titre le magazine *So Foot* dans un article relatant une visite des *supporters* nantais à Corbeil-Essonnes, lors de laquelle le milliardaire est apostrophé : « Dassault, quitte Nantes ou ça va mal finir pour toi ! Tu as sali notre équipe[53]. » En cause, une mauvaise gestion du club et surtout de mauvais résultats pour l'équipe, entraînant une relégation en Ligue 2, événement inédit depuis quarante-quatre ans. Nantes a décidément une histoire compliquée avec ses présidents.

Étape Alpine : Lausanne-Sport, 1998 à 2001

Après son premier échec au FC Nantes, c'est en homme riche et désemparé que Kita jette son dévolu sur le Lausanne-Sport. Pourquoi ce club ? Peut-être veut-il d'abord se faire la main sur un club de moindre envergure commerciale. Et puis Kita connaît assez bien la Suisse. Son aîné fait des études à Genève et s'entraîne au Servette FC. Il y possède lui-même quelques-unes de ses sociétés, dont la Société Médicale de Précision (SMP) achetée en 1996. Via une société écran, Waldemar Kita est administrateur et actionnaire majoritaire de cette entreprise à hauteur de 80 %.

53. Article « Entre Serge Dassault et le FC Nantes, la haine a duré trois ans », *So Foot*, 29 mai 2018.

Difficile de réunir des informations sur cette période car ses partenaires de l'époque ne souhaitent souvent pas « remuer ces choses du passé » et « revenir sur ces histoires », comme le déclare Bernard Jaton, ancien banquier du club, contacté à plusieurs reprises, mais qui n'a pas souhaité nous parler en particulier. Nous pouvons dès lors seulement nous fier à la parole de Kita lui-même, qui répond à une interview dans les colonnes du *Temps* le 10 septembre 1998, quelques jours avant l'officialisation de la vente : « Pourquoi avez-vous décidé de vous engager financièrement dans le Lausanne-Sport ? » demande le journaliste. Kita assure que c'est uniquement « la passion d'investir dans le football » qui le guide. Et, quand le journaliste demande de façon sagace si « le choix de la Suisse est dicté par des projets professionnels », il réplique : « Le football n'a pas de frontières… Ma société n'est pas concernée par le financement du Lausanne-Sport, que j'assumerai avec mon propre argent[54]. »

Si on lit entre les lignes, est-ce que cela signifie que Waldemar Kita a utilisé l'argent d'une entreprise suisse pour acheter le club ? Cinq années ont passé lorsque Kita répond, lors d'une enquête télévisée de la TSR en octobre 2003 qu'« il ne faut pas aller chercher trop loin, poursuit-il, s'occuper d'un club professionnel apporte un plus[55]. » Mais quel est ce « plus » ?

---

54. Article « Le comité du Lausanne-Sport soutient la candidature de Waldemar Kita à la présidence du club », *Tribune de Genève*, 10 septembre 1998.
55. La Télévision suisse romande (TSR) est devenue aujourd'hui la Radio-Télévision suisse (RTS).

Le 27 octobre 1998, l'assemblée générale du Lausanne-Sport a validé la candidature de Waldemar Kita qui devient alors président du club et actionnaire majoritaire de la Société Anonyme (SA) du Lausanne-Sport[56]. Le patron de Corneal n'aurait déboursé qu'un million de francs suisses pour acquérir le club[57], c'est-à-dire environ un million d'euros. « Reprendre le Lausanne a été facile, ça ne lui a pas coûté grand-chose », juge le reporter Christian Rappaz, trente-cinq ans de métier dont vingt en tant que journaliste sportif.

Ainsi débute le grand déclin du Lausanne-Sport. Déclin tant moral qu'économique. Avant le rachat, les finances du club vaudois étaient saines. « Quand j'ai lâché le club, le club était sain. Un des plus sains du pays », assure le président démissionnaire Jean-François Kurz à *Temps Présent*. Trois ans plus tard, le club est endetté de près de 4,2 millions de francs suisses[58]. Il sera rétrogradé administrativement en LNB (seconde division suisse) et, le 20 mai 2003, le président Philippe Guignard en demande la mise en faillite. Cette annonce met fin à cent sept années d'existence.

Comment expliquer un tel *fiasco* ? Selon un journaliste du journal suisse *Dimanche*, le club se trouvait dans une organisation

56. Article « Waldemar Kita est officiellement élu président du Lausanne-Sport », *Le Temps*, le 28 octobre 1998.
57. Article « Avant le FC Nantes : ces épisodes que Waldemar Kita préférerait oublier », *Mediacités Nantes*, 10 mai 2018.
58. Article « Où sont passés les millions », *Dimanche.ch*, 8 décembre 2002.

« totalement insensée[59]. » Lors de la reprise du club, Kita décide de scinder le club en deux branches : lui-même dirige le club professionnel et le centre de formation par le biais de la SA, alors que l'association du Lausanne-Sport, dont relève le club amateur, reste gérée par Jean-François Kurz. L'association qui possède pourtant toujours la licence du club professionnel et est également responsable vis-à-vis des créanciers, perd le contrôle des carrières des joueurs, et le centre de formation de Lausanne devient davantage une machine à effectuer des transferts juteux, qu'une pépinière à nouveaux talents pour le club. En effet, la SA de Waldemar Kita détient l'ensemble des actifs du club ainsi que tous les droits sur les joueurs du Lausanne-Sport. Pour son plus grand bonheur, les transferts se sont cumulés durant ces trois années, lui permettant d'engranger de très fortes plus-values. Au total, une cinquantaine de mouvements de joueurs comme le révèle la presse[60], chiffres que Kita dément. Il annonce à l'époque : « À ma connaissance, il y a eu dix-sept à vingt mouvements de joueurs, c'est tout[61]. »

Contrairement à la SA de Waldemar Kita, l'association du Lausanne-Sport ne verra jamais l'argent de ces transactions alors même que c'est cette dernière qui continuait à gérer les salaires des joueurs professionnels pour un montant à hauteur de 60 % des douze millions de francs suisses de budget annuel. Les dix-sept millions générés par les ventes se seraient dirigés donc

59. *Ibid.*
60. Article « L'étrange marché à Lausanne », *L'Équipe*, 29 décembre 2002.
61. Article « Kita : "Je n'étais pas au courant" », *L'Équipe*, 2002.

tout droit dans les caisses de la société anonyme détenue par Waldemar Kita.

À la concurrence entre l'association et la société anonyme du Lausanne-Sport s'ajoute le style de direction autocratique de Kita : « On travaillait ensemble, mais c'est Kita qui décidait », déclare l'ancien banquier du club Bernard Jaton dans *Mediacités*. « C'est lui qui engageait les joueurs et fixait les salaires. Même si juridiquement les droits appartenaient à la société anonyme, les joueurs restaient sous contrat avec l'association. C'est elle qui en était l'employeur. » Il se souvient d'un « homme autoritaire » qui avait comme *mantra* « qui paye, commande ». « Kita nous avait toujours dit, "si je pars un jour, je ne laisserai jamais le club en difficulté". On a été naïfs. On s'est laissé séduire et manipuler[62]. »

Les journalistes Christian Rappaz et Bertrand Theubet livrent les mécanismes de ce *fiasco* dans une enquête exclusive diffusée sur la TSR en 2003[63]. Dans ce documentaire, on découvre John Dario, ex-joueur du LS, reconverti en *manager*, l'homme par qui Kita arrive au Lausanne-Sport. Lui aussi s'est laissé charmer par l'homélie de Kita : « Quand je vois où on en est arrivé, je me dis que ce discours philanthrope cachait une certaine politique des transferts… » Et, quand le journaliste

62. Article « Avant le FC Nantes : ces épisodes que Waldemar Kita préférerait oublier », *Mediacités Nantes*, 10 mai 2018.

63. Reportage « Football romand - Homicide par négligence », *Temps présent*, enquête RTS, 2003.

lui demande : « Vous voulez dire que M. Kita voulait mettre la main sur le marché des joueurs ? », Dario répond : « Ah ben, je veux pas le dire, les actes le prouvent. »

Le milieu offensif Fabio Celestini passe du Lausanne FC à Troyes puis à Marseille. La SA Lausanne-Sport – donc Waldemar Kita – possédait, grâce au contrat passé lors du transfert à Troyes, un pourcentage sur la future revente du joueur. Ainsi, lors du passage de Celestini de Troyes à Marseille, un certain pourcentage serait arrivé dans les caisses de la société anonyme. L'ancien président du FC Troyes, Daniel Vacelet, assurait à *Temps présent* « avoir effectué un virement à une banque genevoise le 20 septembre 2002. Bénéficiaire : la SA Lausanne-Sport. Montant : trois cent mille euros. » Pourtant, Le Lausanne-Sport n'aurait rien perçu de cette transaction. De son côté, Kita dément avoir reçu cet argent.

En parallèle, des transactions soulèvent questions. En 2000 et 2001, « des joueurs sont prêtés ou transférés à des clubs étrangers sans que personne ne connaisse leur identité », révèle les journalistes de *Temps présent.* « Des plus-values de plusieurs centaines de milliers de francs » dont personne ne connaît la destination non plus. Alexander Pavlenko, Alexander Popov, Samir Beloufa, Claudio Gentile font partie d'une série de transferts litigieux. Beaucoup de plus-values, mais jamais rien dans les caisses de l'association. Pour les deux joueurs ukrainiens, *dimanche.ch* évoque des gains à hauteur de huit cent mille francs suisses, disparus on ne sait où[64]. Pour Claudio Gentile, ce serait plus de quatre millions de francs suisses.

L'affaire Claudio Gentile est autant anecdotique que foncièrement révélatrice des pratiques de Kita, mais laisse un souvenir « agacé » à ceux qui étaient présents à cette transaction. En 2001, Claudio Gentile, 21 ans, est un gardien italo-suisse formé par le Lausanne-Sport mais il se laisse convaincre par Kita de se faire transférer à Marseille. Il a hâte de jouer au Vélodrome, dit-il dans les colonnes du *Matin* quelques jours avant l'officialisation de son transfert : « L'OM est un mythe. Je croyais rêver quand on m'a dit que les dirigeants de Marseille s'intéressaient à moi, ils sont d'ailleurs venus nous voir jouer deux fois, mais je ne sais pas si c'est moi qu'ils visaient précisément[65]. » La plupart des hommes du *staff* de Kita ne souhaitent pas voir partir Gentile mais ils se heurtent à la volonté du patron. L'affaire se serait conclue par un échange d'enveloppes entre Kita et Tapie pour environ quatre millions dont « un million et demi de francs suisses en *cash* », commente, de mémoire, un témoin de la scène. « Ce n'est pas la plus grosse somme que j'ai vu passer en enveloppe », ajoute-t-il au passage. Le soir même, Gentile arrive à Marseille et part fêter son transfert en boîte. Éméché, une brève altercation éclate avec des gens de la discothèque, Gentile sort indemne. Il prend alors sa voiture, fait

64. Article « Où sont passés les millions ? », dimanche.ch, 8 décembre 2002.
65. Article « Claudio Gentile : direction l'OM », *Le Matin*, 6 juin 2001.

une mauvaise manœuvre, en accroche une autre et fuit à toute allure. Nouvel accrochage cette fois-ci plus grave, direction l'hôpital et le diagnostic est sans appel : fracture du tibia péroné, Gentile est *out* pour toute la saison. Selon les témoins, « Tapie est fou de rage » et tourne définitivement la page Kita. Mais encore une fois, où est passé l'argent ? Dans l'accord de transfert, il était convenu que le père de Gentile toucherait une commission. Lorsqu'il débarque à Lausanne pour réclamer son dû, Kita ne le reçoit pas et laisse Claude Robin gérer la fin de l'imbroglio.

Par ailleurs, le club vit également au-dessus de ses moyens. Entre 1999 et 2001, le budget du club augmente de trois millions de francs suisses passant de neuf millions de francs suisses à douze millions. En juin 2001, Kita se retire de l'association mais gère encore la société anonyme. Il reste ainsi propriétaire des joueurs, bénéficiaire des plus-values et en vend donc plusieurs. Le club, lui, continue d'assurer les charges.

Kita affirme avoir perdu douze millions de francs suisses[66] dans l'histoire du Lausanne-Sport. Or, il n'a investi de sa poche que le million d'euro nécessaire au rachat de départ. Les douze millions de francs suisses qui ont été mis à la disposition du club ont été gagnés grâce aux transferts. À cette somme s'ajoutent dix-sept millions supplémentaires, toujours gagnés grâce aux transferts. Kita dément toujours être à l'origine de la faillite : « C'est pas moi, c'est les dirigeants suivants.

66. Environ 11,8 millions d'euros.

Quand j'ai laissé la société avec de l'argent, je leur ai dit : "ne dépensez pas ça car je suis plus au club", qui était qualifié en coupe de l'UEFA. Mais ils ont dépensé l'argent à droite à gauche et se sont mis dedans. Mais ne vous inquiétez pas, l'enquête a été faite car on m'a attaqué de tous les côtés[67]. »

À l'annonce du départ de Kita du Lausanne-Sport, après seulement trois saisons, la presse suisse fait état de sa joie et de son impatience. Dans son éditorial du 12 juin 2002, si François Ruffieux du quotidien *24 Heures* reconnaît quelques succès à Kita, l'auteur de l'article se demande surtout « à quel prix ? » : « Sous sa direction intransigeante, le Lausanne-Sport a remporté une Coupe de Suisse, approché le titre en championnat, s'est fait remarquer au niveau européen grâce à quelques matches mémorables, le tout au prix d'un grand brassage de joueurs qui trahissait sans doute la véritable motivation du personnage. [...] Waldemar Kita a cru, comme d'autres avant lui, pouvoir doubler son amour du foot d'un commerce rapide, sûr et confortable pour son *ego*. Kita appréciait sans doute ce sport ; mais le connaissait-il vraiment ? Le rapport entre les fortes sommes qu'il a personnellement investies et la situation précaire dans laquelle se retrouve le club aujourd'hui répond à la question[68]. »

67. Article « Avant le FC Nantes : ces épisodes que Waldemar Kita préférerait oublier », *Mediacités Nantes*, 10 mai 2018.
68. Éditorial « Le dernier dribble de Waldemar Kita » *24 Heures*, 12 juin 2002.

Un départ qui laisse une certaine aigreur à certains et de la haine à quelques autres. En 2008, dans une interview accordée au journal *Le Parisien*, le banquier et ancien président du club Jean-François Kurz, décédé en 2010, ne mâche pas ses mots sur le bilan des années Kita à la tête du club vaudois. Extraits :

Le Parisien : Avec le recul, comment jugez-vous le passage de Waldemar Kita à Lausanne-Sport ?

Jean-François Kurz : Tout a très bien commencé car Waldemar parle très bien et se vend très bien. Il était persuadé de gagner de l'argent en achetant et vendant des joueurs dans le foot suisse, tout en gagnant des matches. Je lui ai dit qu'il rêvait.

LP : Intervenait-il au niveau tactique ?

JFK : Il voulait être entraîneur, composer l'équipe, effectuer les changements. Il effectuait des discours de motivation avant les matches. L'entraîneur n'a pas accepté cela, et il l'a changé. Je vais vous dire, je suis banquier et ce métier possède plusieurs facettes, comme le football. Il faut savoir déléguer et utiliser toutes les compétences. Waldemar croyait être le meilleur entraîneur et cela a mis une mauvaise ambiance.

LP : Le croyez-vous lorsqu'il dit vouloir confier tous les pouvoirs à Élie Baup, le nouvel entraîneur de Nantes ?

JFK : Non, ce n'est pas possible. Avec son caractère fort et à son âge, je crois qu'on ne peut pas changer.

LP : Il passe néanmoins pour quelqu'un de passionné et de chaleureux ?

JFK : Oui, oui. Lorsqu'il est venu à la première assemblée générale du club pour sa nomination, les gens lui ont réservé une *standing-ovation*. Comme je l'ai dit, il se vend très bien, communique bien. Waldemar aurait dû faire de la politique.

LP : Entretenez-vous toujours des relations avec lui ?

JFK : Non, car il avait promis de tenir ses engagements en quittant le club et il ne l'a pas fait. Cela s'est terminé en justice[69].

Enfin, du côté des *supporters*, en 2017, quinze années après le départ de Kita du Lausanne-Sport, il n'y a toujours ni oubli ni pardon, comme le rapporte un papier du *Matin* : « "Escroc !" lui ont ainsi crié très fort depuis la tribune du joli petit stade savoyard trois *supporters* lausannois[70] », lors d'un match entre le LS et Nantes à Annecy-le-Vieux. Kita pâtit toujours d'une très mauvaise réputation, analyse Christian Rappaz, journaliste d'investigation s'étant illustré le premier par ses enquêtes sur la Fifa : « Je crois qu'on peut dire que Kita a été le président le plus détesté dans l'histoire du foot suisse francophone. Vous ne trouverez personne pour avoir de la compassion pour cet homme. Il est hautain et arrogant. C'est un Calimero[71]. » Néanmoins, « il faut rendre à Kita le peu qui lui revient, considère

69. Article « Il croyait être le meilleur entraîneur », *Le Parisien*, 12 septembre 2008.

70. Article « Kita pris à partie par des supporters du LS », *Le Matin*, 9 juillet 2017.

71. En référence à un petit canard de la culture populaire francophone se plaignant d'être constamment maltraité par les autres.

le journaliste, il a été accueilli en sauveur providentiel à l'époque et, à un moment donné, il a eu du répondant financier. » Malgré sa connaissance intime du monde et des scandales footballistiques, Christian Rappaz s'interroge toujours, vingt ans après sa dernière rencontre avec ce président de club si particulier : « On ne sait pas vraiment ce que Waldemar Kita fait dans le foot... Qu'est-ce qu'il cherche ? »

Son expérience à Lausanne vue de Suisse... [72]

C'est toujours la même histoire. Au début, la noce est belle. Quand le Lausanne-Sports a vu qu'il s'attirait les charmes d'un richissime homme d'affaires franco-polonais en 1998, il lui a fait les yeux doux. Quoi de plus normal face à un opticien de formation. Sauf que les divergences de vues surgiront après trois ans seulement. Et qu'une faillite suivra dans la foulée en 2003. Lausanne a sans doute gardé ses yeux. Mais pour pleurer.

Petit retour dans le temps. En 1998, quand Waldemar Kita se penche au chevet du club vaudois, il s'agit surtout d'assouvir une passion. Lausanne comptera parmi les clubs phares du football suisse, c'est promis. Aussitôt intronisé, le nouveau patron annonce son plan de bataille : professionnalisation, restructuration, formation. Trois mots-clés et des assurances d'un engagement financier d'importance qui devra – c'est ce qu'affirme Kita – conduire à l'autonomie financière.

72. Editorial de Daniel Visentini paru dans le Dimanche Ouest-France, 30 juillet 2007.

L'homme est malin. Après avoir pris les rênes de la SA qui se charge des affaires du club, il propose à l'ex-président, Jean-François Kurz (un homme d'affaires établi dans la région), de s'asseoir à côté de lui. Sur le siège passager, certes, mais néanmoins dans cette nouvelle voiture qui promet d'aller vite.

Trois ans plus tard, soit en 2001, le coup de frein est brutal. Waldemar Kita, qui s'estime incompris, critiqué, claque la porte du Lausanne-Sports. Il a injecté beaucoup d'argent dans le club, notamment dans la SA qui est détentrice des droits des joueurs. Soit le seul capital du club.

Le problème se devine. En quittant les bords du Lac de Genève, Waldemar Kita affirme qu'il laisse derrière lui un club sain financièrement. Il a, c'est juste, abandonné certaines créances et payé dettes et salaires. Mais dans le même temps, durant son passage, il a fait exploser les dépenses du club. Mieux : alors qu'il quitte le LS, il demeure à la tête de la SA qui possède les joueurs. Et cherche à récupérer une partie de sa mise. Elle est d'importance puisque, sous son ère, plus de cinquante joueurs transiteront par le Lausanne-Sports avant de filer ailleurs.

Deux ans après le départ de Waldemar Kita, le Lausanne-Sports connaîtra une faillite retentissante (il est remonté en Ligue 2 aujourd'hui), précédant celle, non moins retentissante, du Servette de Marc Roger (en février 2005). Cela ne signifie pas qu'il en est responsable. Juste qu'il n'a pas laissé en Suisse, et à Lausanne en particulier, un souvenir glorieux, eu égard aux promesses du début.

Daniel Visentini

(La Tribune de Genève).

Chapitre 4

Les débuts à Nantes

Retour au FC Nantes : aux mains de Serge Dassault, l'ambiance n'y a jamais été aussi lourde. La présidence Dassault est une rupture avec l'histoire du FC Nantes, ses réseaux historiques, son patrimoine. Les résultats sportifs sont catastrophiques, la relation avec les *supporters* est abominable. D'un côté comme de l'autre, la rupture qui se profile apparaît comme un soulagement.

Rupture entre Dassault et FCNA

À l'issue de la saison 2006-2007, le FC Nantes, club historique du Championnat de France de Ligue 1, descend en Ligue 2 après quarante-quatre années à tenir le haut du panier. « Depuis 1963 c'était notre première descente historique en Ligue 2 » commente François[73], ancien salarié et *supporter* du FC Nantes. Un conflit important éclate entre les *supporters* et

73. Le prénom a été changé.

la Socpresse détenue par le groupe Dassault[74], trouvant son aboutissement lors de l'envahissement, par un groupe de *supporters*, du conseil municipal de Corbeil-Essonnes dont Serge Dassault est le maire[75] : « Dassault, quitte Nantes ou ça va mal finir pour toi ! Tu as sali notre équipe. Nous n'hésiterons pas à salir ton image où que tu ailles. Nous sommes partout. Méfie-toi[75]. »

Ce coup d'éclat des *supporters* n'était que la partie visible du malaise qui rongeait le club de l'intérieur, tient à rappeler François : « Avant cela, depuis le rachat, et surtout depuis le changement de profil du club [NDA : le fait qu'il bascule d'une association à une société], il y a eu un bouleversement dans les mentalités, les méthodes de travail. Pour la première fois, on a vu arriver des gens extérieurs qui n'étaient pas des gens du cru nantais et sans vraie connaissance technique du foot[76]. » Ce renouvellement est vécu avec d'autant plus de malaise que « ces gens de l'extérieur ont coupé le cordon ombilical du vieux FC Nantes en virant tous les « historiques », dont Raynald Denoueix[77] », soupire François. À l'époque, ni les *supporters* ni les salariés

74. Article « Dassault s'empare de la Socpresse », *Les Échos*, 12 mars 2004.

75. YouTube : « FC Nantes : le jour où des fans nant+ais ont invectivé Dassault en plein conseil municipal à Corbeil-Essonnes ».

76. Entretien.

77. Défenseur du FC Nantes toute sa carrière de joueur de 1966 à 1979. Il revient en 1982 en tant qu'entraîneur du centre de formation et de l'équipe réserve d'où il fera sortir les figures de France 98. En 1997, il prend la tête de l'équipe première avec le palmarès que l'on connaît.

ne comprennent ni ne pardonnent une telle décision de la part de la nouvelle chefferie[78].

Au milieu de cette valse des dirigeants, Rudi Roussillon, homme de confiance du groupe Dassault et président du club de 2005 à 2007, est remplacé, en pleine crise, par Luc Dayan, médecin du sport au profil plus footballistique. Quelques jours plus tard, Xavier Gravelaine, ancien footballeur international et désormais entraîneur, un temps écarté, est de retour auprès de Luc Dayan pour assurer la direction sportive. Le duo Dayan-Gravelaine réussit, dans l'urgence, à construire une équipe rompue aux « joutes de la Ligue 2[79] », afin de permettre à Nantes de retrouver rapidement la route de la Ligue 1.

« Le Doc » Dayan, médecin du sport de formation, est progressivement devenu un spécialiste en vente et en rachat des clubs de football. Après avoir privatisé et dirigé avec succès le Lille Olympique Sporting Club (LOSC) entre 1999 et 2004, il venait d'intervenir en 2006 sur le dossier de la vente du Paris Saint-Germain (PSG) par Canal Plus à un fonds d'investissement américain quand il se voit confier la mission d'assurer la présidence du FCNA. Sa fonction est intérimaire. Il doit, de manière tout à fait officielle, préparer la vente. « Le groupe Dassault ne voulait pas rester actionnaire à l'issue de la saison

78. Article « Jean-Luc Gripond, FC Nantes-Atlantique : "Si nous descendions en Division 2, ce serait une catastrophe" », *Le Monde*, 4 janvier 2002.

79. Expression empruntée au site fcnantais.fr.

2006-2007, quel qu'en soit le résultat, principalement par lassitude », se souvient le médecin devenu homme d'affaires. Il poursuit : « Serge Dassault qui avait trouvé le FC Nantes dans la corbeille du rachat du groupe Hersant, dont le *Figaro* était la cible première, n'avait aucune appétence pour le football. J'avais donc été contacté par la banque d'affaires de Dassault dès le mois de janvier, pour préparer "tranquillement" cette vente[80]. »

Durant la saison 2006-2007, Dassault a en effet confié à Dayan un audit interne pour évaluer la situation du club. La mauvaise situation financière et sportive lui saute aux yeux, « comme souvent dans cet univers en trompe-l'œil », précise toutefois Dayan. « Mon rapport n'a pas fait plaisir au groupe mais j'avais malheureusement raison. » C'est à la suite de cet audit, et devant la crise sportive que vit le FC Nantes, que Dayan change de casquette. « À la suite de la descente en Ligue 2, j'ai été appelé en urgence par le groupe Dassault et j'ai pris la présidence du club le 9 juin. Je suis arrivé le 11 à Nantes, où je suis allé directement rencontrer Jean-Marc Ayrault[81] et Pascal Bolo[82] à la mairie de Nantes. Je me suis présenté et j'ai expliqué la réalité de la situation. » Les élus étaient inquiets de la suite. « J'ai

80. Entretien.

81. Maire de Nantes entre 1989 et 2012.

82. Ancien directeur de cabinet de Jean-Marc Ayrault, adjoint aux finances et au dialogue citoyen en 2007.

tenté de les rassurer en disant qu'il n'y aurait pas de dépôt de bilan, que Dassault assumerait et qu'on ne vendrait pas dans l'urgence. » Le Doc se rend ensuite au club où il réunit tous les salariés. « Le traumatisme était évident, et il me fallait surtout redonner vie, tracer une ligne directrice, sur tous les plans, humain, financier, commercial, communication et sportif. »

« Faut dire que les ventes successives nous ont tendu aussi ! Dayan a dû ressentir cette chape de plomb », affirme Pierre, ancien salarié[83]. En l'espace de quelques semaines, la tension retombe, les gens se remettent au boulot. « Dayan nous a rassurés », reconnaît Pierre puis ajoute, avec un léger sourire, « quand il nous recevait on avait l'impression de rentrer dans son cabinet. » Dayan choisit aussi de confirmer Michel Der Zakarian qu'il ne connaissait pas mais qui lui a semblé être « une bonne personne » : « Cela a bien marché puisque, un mois plus tard, le 30 juillet 2007, l'équipe a gagné son premier match 5-0 contre Reims, dans un stade presque plein ! » L'homme garde un excellent souvenir de son bref passage au FC Nantes où il se serait bien vu rester un an, durée initialement prévue pour sa mission. Mais c'est le sentiment du devoir accompli et du travail bien fait, qu'il quitte Nantes un mois plus tard, en juillet 2007. « J'ai effectivement rempli ma mission », conclut-il.

83. Entretien.

Nantes, faute de mieux

Lausanne-Sport est à peine vendu que Kita approche l'OGC Nice, en 2001. Il ne sera pas retenu. En 2006, après avoir convoité un club polonais, Kita aurait reluqué le PSG alors mis en vente par Canal Plus, sans succès.

Après plusieurs années d'efforts, Waldemar Kita va enfin pouvoir avoir le FC Nantes. Il aime à répéter qu'on est venu, la deuxième fois, le chercher. Bien qu'il s'en défende, son rejet de 1998 lui était resté en travers de la gorge. Revanchard, Kita ? C'est ce que laissent entendre les articles qui portent sur l'arrivée de l'homme d'affaires au FC Nantes dans la torpeur de l'été 2007. Dans *Ouest-France* du vendredi 3 août 2007, Kita a tout loisir d'étaler ses motivations face à un journaliste renseigné et un peu méfiant. « Il ne faut jamais baisser les bras, dit-il. Quand on a une conviction, quand on travaille, qu'on est honnête, on peut y arriver. En 1998, j'avais travaillé plus d'un an sur le dossier de reprise du FCNA. Cette fois, j'ai mené l'affaire à bien en deux mois. » répond Kita. « Est-ce à dire que vous n'étiez pas intéressé, cette fois-ci ? » relance le journaliste. « En fait, hormis ma démarche de 1998 avec Nantes, ce sont toujours les clubs qui sont venus vers moi. Ça vaut pour Nice, Lausanne, Saint-Étienne », pérore le président[84].

---

84. Article « Waldemar Kita : "Je serai un président très présent" », *Ouest-France*, vendredi 3 août 2007.

« Bah, d'abord, il a toujours voulu un club de foot, assène, un peu moqueuse, une ancienne proche de la famille Kita. Surtout pour exister[85]. » Opinion partagée par une foultitude de gens qui ont croisé la route de Kita. D'accord. Mais pourquoi Nantes ? Peut-être « la réputation du club », avance Marie-Françoise Clergeau, ancienne adjointe au sport à la mairie de Nantes. « Le prestige de Nantes l'attirait. Ses titres, son jeu, ses grands joueurs l'attiraient. Puis on avait de bons résultats, un bon esprit de club et de bons entraîneurs », explique l'ancienne élue. Ou par pragmatisme, comme le révèle un ex-salarié du club ? « Nantes, c'est très confortable pour lui par rapport à ses bureaux parisiens : c'est à deux heures de Montparnasse en train, une heure de l'aéroport du Bourget en *jet* privé. » Prendre le FC Nantes ne serait alors qu'une aubaine à un prix dérisoire. « Nantes, ce n'est pas viscéral, ce n'est pas un choix du cœur pour lui, assure un intime présent dans le projet de rachat en 1998, Nantes, c'est une opportunité[86]. » Ou encore : « Faut pas chercher bien loin ! C'est parce qu'il est blindé, il voulait se faire plaisir, il a acheté un club comme on s'achète une danseuse, c'est tout », juge un ex-conseiller sportif sarcastique.

Seulement pour son bon plaisir ? Ou pour s'enrichir comme il a tenté de le faire avec le Lausanne-Sport ? « Faire de l'argent quand on a un club est une utopie », affirme Jérémie Bastien,

85. Entretien.
86. Entretien.

économiste du sport, maître de conférence à l'université de Reims. « Il est extrêmement difficile de dégager des bénéfices en ayant un club. » Mais avoir un club ne signifie pas qu'on ne puisse pas s'enrichir indirectement. « Quand on investit dans un club, y'a toujours cette idée de retour sur investissement. Et puisque ce retour sur investissement ne peut pas se faire sur l'activité du club, on le fait autrement. « Kita est pleinement dans cette logique, il instrumentalise ce club pour élargir son activité. La visibilité de ses *business* est plus retentissante grâce à son club, le FC Nantes. » Aurait-on autant entendu parler de son business « d'élargissement de pénis » s'il n'était resté qu'un obscur millionaire ? En possédant un club. On parle de lui, de ses activités et c'est tout bénef. « En Ligue 1 des Kita, il y en a plein. En Europe aussi. Le PSG est dans une logique pas si éloignée. Berlusconi avec l'AC Milan se basait sur le même principe. Et Mohamed Al Fayed s'est servi du Fulham FC pour installer un business… C'est monnaie courante », conclut Jérémie Bastien.

Début juillet, le duo Gravelaine-Dayan est informé par la banque d'affaires Natixis, conseil financier de Dassault dans ce dossier, que trois propositions se sont déclarées. L'une, proposée par Kita et son associé de l'époque, Alain Florès, ex-directeur financier du FCNA, a pour elle d'avoir déjà donné toutes les garanties financières nécessaires à l'achat du club. Le deuxième projet était porté par Michel Moulin[87], « dirigeant du groupe Hersant Média, qui s'est manifesté à titre personnel. Il est accompagné d'actionnaires qui ne souhaitent pas être rendus publics, tant que l'opération n'est pas terminée[88] », apprend-on dans les colonnes du Figaro, forcément bien informé. D'emblée, le projet Moulin bat de l'aile « du fait de l'anonymat de ses actionnaires mais aussi par le probable refus du groupe Hersant Média à s'investir[89] ». À noter : « Une troisième candidature sérieuse était sur la table », révèle Pascal Bolo, qui préfère cependant ne pas s'appesantir sur cette « candidature mystérieuse ».

Ceci laisse entrevoir que le choix est déjà fait. Quelques jours plus tard, le dossier Kita-Florès est validé. Luc Dayan se souvient d'ailleurs l'avoir rencontré une heure, le jour de la signature, lors de sa présentation au comité d'entreprise du club, dans une petite salle parisienne louée par la banque d'affaires Natixis. « Je dois avouer que le moment était assez étonnant », se souvient le Doc. « Très sûr de lui, M. Kita a exposé son parcours professionnel, mais surtout sa connaissance intime du foot. Il n'y avait aucun *a priori* car personne ne le connaissait mais ce fut un vrai choc culturel entre lui et les représentants des salariés. » Les

87. Directeur délégué de *Paru Vendu* en 2007, ancien directeur sportif du Red Star de 1999 à 2001.
88. Article « Le FCNA proche du rachat », *Le Figaro*, 24 juillet 2007.
89. *Ibid.*

hommes d'affaires se serrent la main. Un *consensus* est trouvé le 2 août 2007. Dassault cède le club à Kita pour une somme estimée aux alentours de dix millions d'euros selon les informations données à la presse à l'époque. Aujourd'hui, le chiffre a été quelque peu réévalué. Des acteurs proches du dossier parlent d'une vente autour de quinze millions d'euros, « plus le compte courant », ajoute Pascal Bolo.

L'opération s'est réalisée dans une certaine discrétion. « Certaine » car le nom de Kita avait déjà fuité dans les rangs des *supporters*, des journalistes et des salariés du FC Nantes qui se demandaient alors comment cet entrepreneur, aux casseroles alors connues, avait pu franchir toutes les étapes de sélection mises en place légalement par l'ensemble des structures de validation. Comment les institutions chargées de la vente, et les autres, ne pouvaient-elles pas être au courant de ses affaires au Lausanne-Sport et des soucis judiciaires avec ses entreprises ? Pourtant, bien avant la validation, Natixis avait entamé tous les contrôles dits de « *due diligence* » (contrôle préalable, en français) sans relever d'irrégularités. Cette « validation » rend perplexe un spécialiste de ce type de dossier qui a requis l'anonymat : « Il est possible que Kita ne se soit pas appuyé sur son propre argent mais sur celui d'une banque. » Mais même pour prêter de l'argent, une banque a ses processus de *compliance* ou, ici, de *due diligence*. Un processus de *due diligence* a pour objectif de vérifier si l'acquéreur n'a pas de dettes cachées, la magnitude de sa masse salariale, les contrats en cours, les contrats de travail, les éventuels contentieux y compris judiciaires. Tout est vérifié. « Cela est d'autant plus surprenant que Natixis est coutumière des ventes de club… Peut-être était-elle moins regardante sur le dossier Kita à l'époque ? » questionne l'expert.

Y a-t-il eu défaut d'information ? Le pedigree de Kita aurait-il pu bloquer la vente ? Autant de questions que l'on se pose encore aujourd'hui et dont personne ne semble connaître la réponse. À son niveau, Luc Dayan confie qu'il n'avait pas eu connaissance de cet historique singulier : « De toute façon, ce n'était pas mon sujet à l'époque. Il avait les poches pleines car il venait de vendre son entreprise Corneal. » Mêmes réponses fournies par d'autres acteurs du dossier dont l'avocat François Ponthieu, président de la DNCG (Direction nationale du contrôle de gestion, la commission indépendante chargée de surveiller les comptes professionnels en France) de 2000 à 2009. Au passage, celui-ci remet l'église au centre du village : « Nous n'avons pas choisi Waldemar Kita. On a analysé un projet qui a pu être présenté par Waldemar Kita, comme il aurait pu être présenté par d'autres. […] On était au courant qu'il était passé au Lausanne-Sport, précise l'avocat, après si vous parlez des affaires, on n'accorde pas toujours de crédits à ce qu'on lit dans la presse[90]. » De fait, la DNCG étudie un dossier de reprise qui est présenté pour un club mais « certainement pas un dossier de reprise présenté pour

90. Entretien.

un ancien club », ajoute François Ponthieu. « Nous ne sommes pas une institution de police, ni un juge d'instruction, indique l'ancien président de la DNCG, donc on ne se prononce que sur le dossier de rachat du club en question[91]. »

Réaction identique du côté de l'association du FC Nantes, par la voix de Gérard Frappier, administrateur historique du club, qui rappelle qu'en 2007 « l'association n'avait plus son mot à dire ». Même son de cloche à la mairie de Nantes : « C'est Dassault qui revendait, la ville n'avait pas à s'immiscer », souligne Marie-Françoise Clergeau, l'ancienne adjointe. « En 2007, on ne s'immisce pas en effet mais on se tient informé, complète Pascal Bolo, qui confie quand même que la municipalité avait reçu quelques avertissements d'acteurs proches du dossier « de ne pas laisser Kita acheter le FC Nantes. »

Dans les bureaux nantais de la Jonelière, quelques jours plus tard, Luc Dayan tente à nouveau de rassurer les personnes du club : « Elles avaient perçu que Kita aurait des difficultés à intégrer ce club à la personnalité et à la culture sportive bien particulières. J'avais dit un an plus tôt, lorsque Canal avait vendu le PSG à Colony : "Cette vente est peut-être bonne pour l'acquéreur et le vendeur, elle n'est peut-être pas bonne pour le club." C'était un peu pareil ici. »

91. Entretien.

La première conférence de presse

Il est 11 h 30 ce vendredi 3 août lorsque le successeur de Marcel Saupin[92], Jean Clerfeuille,[93] Louis Fonteneau[94] et Guy Scherrer[95] s'affiche devant la presse. Dès ses premières déclarations, Waldemar Kita surprend par son exubérance et ses promesses un peu décalées. Grandiloquent, il annonce que voici venu « le temps de la "rénovation" et de la "reconstruction" [...] d'un FC Nantes malade [...] et de son centre de formation défaillant[96] ». Finalement, Kita « coupe court » à tout retour des figures chevronnées, notamment ceux de Jean-Claude Suaudeau et de Robert Budzinsky. « Ce sont des gens qui ont 65-70 ans, laissez-les venir aux matches, qu'ils s'amusent, qu'ils discutent de leur histoire, de leur gloire, de trucs. [...] Y'a un moment faut arrêter, quoi. C'est vrai, c'était bien, c'était parfait mais, à un moment, faut quand même arrêter [...]. Et s'ils veulent donner quelques conseils, évidemment je suis prêt. Vous savez dans la vie, l'expérience, ça s'achète pas. » plastronne le tout nouveau président Kita.

L'homme d'affaires crée la stupeur. Pas tout de suite l'hostilité, pas franchement l'espérance non plus. C'est l'heure du changement. Et s'il n'y pas comme aujourd'hui les « pour

92. Cofondateur et président du FC Nantes de 1944 à 1955.
93. Président du FC Nantes de 1959 à 1968.
94. Président du FC Nantes de 1969 à 1986.
95. Président du FC Nantes de 1992 à 1996.
96. Le « Journal des Canaris », *Télénantes*, vendredi 4 août 2007.

Kita » et les « contre Kita », l'homme en revanche suscite tout un éventail de sentiments contradictoires. Il est sûr de lui, sûr de tout savoir, sûr d'avoir la formule de la réussite. Mais ses airs de *golden boy* miraculeux provoquent tout de même quelques craintes à en croire des observateurs de l'époque : « En gros, le mec a débarqué en laissant entendre qu'il avait les clés du succès et surtout qu'il fallait laisser les glorieux anciens [...]. En creux, ça signifiait surtout qu'il allait faire du passé table rase et apporter une nouvelle méthode », se souvient un journaliste présent à cette conférence de presse. Au-delà de ce projet de rupture, l'homme tranche par son côté cabot et provocateur si bien qu'« en trois jours, Kita s'est déjà foutu dans le collimateur une partie des salariés », se souvient un agent de joueurs. Sans doute ces derniers n'avaient-ils pas apprécié d'avoir été si peu considérés par le personnage, quelques jours avant la signature, à Paris, quand il avait déclaré à quelques-uns d'entre eux avoir « hésité » entre « acheter le FC Nantes ou [se] lancer dans les préservatifs[97] ».

Son passé récent et ses déclarations ont certes de quoi bousculer. Pourtant, Kita n'est pas « mal accueilli ». « Au contraire », reconnaît Alex, plutôt « convaincu à l'époque par ses valeurs sur la famille et le travail ». En fait, pour la grande majorité du « peuple jaune et vert », à l'époque, l'accession de Kita à la tête du club bénéficie d'une certaine clémence

97. Entretien.

ou au moins d'un soulagement, alors qu'il débarque dans ce FC Nantes pris à la gorge, divisé, déchiré. « On venait de vivre trois années atroces sous Dassault, alors, franchement à l'époque, on se disait « Kita ça ne peut pas être pire », reconnaît Camille, *supporter* de la première heure[98].

Tout comme en 1998, Kita arrive en bonne compagnie, avec Claude Robin, et il a placé quelques pions depuis son dernier passage. Pour l'homme providentiel auréolé d'une image d'entrepreneur à succès, mais aussi compromis dans la gestion du précédent club, c'est l'heure de vérité.

Claude Robin, caution sportive et morale

Vers 1998, Waldemar Kita rencontre Claude Robin par l'intermédiaire de Jean Imhoff, son ami d'enfance, patron d'une imprimerie en Vendée[99]. Le courant passe bien. Kita sait se vendre. Sa légende de *self-made-man* fait écho chez Claude Robin, héritier de mareyeurs vendéens et mareyeur lui-même dans les années 1960, pendant ses grandes années, au FC Nantes[100]. Kita a de grands projets pour le foot et Claude Robin en est sans doute convaincu. La première idée de Kita est de tirer profit de Claude Robin pour peser dans le dossier de la reprise de Nantes en 1998. On connaît la suite. Mais Kita embarque tout de même Claude Robin

98. Entretien.

99. Contacté à plusieurs reprises, il n'a pas donné suite.

100. Champion de France avec le FC Nantes en 1966 (archives.fcnantes.com).

avec lui dans l'expérience lausannoise et le nomme directeur sportif. « Il y avait beaucoup à faire car le foot suisse n'était pas aussi structuré que les clubs français. Claude Robin était une éminente caution sportive pour Kita », atteste Stéphane, un intime de cette époque[101]. Assez vite, palliant les absences de Kita, Claude Robin devient directeur général du Lausanne-Sport. « Pendant trois ans, Claude Robin était sur place au quotidien. D'ailleurs, l'idée du centre de formation [NDA : de la création et de l'exploitation du centre de formation dans l'histoire des transferts] est à mettre à son crédit », tient à faire savoir Stéphane. Une « évidence » largement partagée par les anciens de la Pontaise, et, après quelques secondes de réflexion, par le journaliste Christian Rappaz, qui se souvient de Claude Robin « comme d'un homme de l'ombre, du sérail, imprégné de cette méthode nantaise ». La fin catastrophique de l'aventure lausannoise, les stigmates, n'occulte pas pour autant le souvenir d'un Claude Robin « travailleur et humble, rattrapant sans cesse les bêtises des autres ».

Après cette histoire, Kita et Robin se perdent de vue pendant cinq ans jusqu'au jour où le FC Nantes est de nouveau à vendre. Kita raconte que Claude Robin et Jean Imhoff sont à l'origine de la seconde offre de Kita au FC Nantes ce qu'aucun

101. Entretien. Le prénom a été changé.

des deux camarades vendéens n'a été en mesure de confirmer[102]. Kita pense déjà à mettre les « vieux à la retraite », mais il se voit toutefois conseiller de ne pas dilapider totalement le patrimoine et, Claude Robin, en bon camarade et connaisseur du FC Nantes, est ainsi logiquement nommé directeur général du club. « Tout ce qu'a fait Claude Robin c'était par amitié et par passion. Il voulait que le club retrouve son aura », soupire un intime du joueur. Opinion identique du côté des administratifs. Ainsi Alex, un ancien salarié déclare : « J'ai toujours trouvé en Claude quelqu'un de bienveillant, de droit. C'était la voix de la sagesse face aux autres[103]. » Mais toute l'envergure d'un Robin n'aura pas suffi à éviter le déclin moral et sportif qui s'ensuit.

Je décide, ils exécutent

Le début de l'aventure 2007 est un moment grisant. Alain Florès, l'associé du début, est rapidement remercié, officiellement pour « incompatibilité d'humeur ». D'autres hommes qui ont participé à l'aventure du Lausanne-Sport sont de retour dans les bagages de Kita. Christian Larièpe, ancien manager général du FC Lausanne, passé entre-temps à Marseille, en tant que responsable de l'équipe réserve, s'assure une place de choix en s'adjugeant la direction technique. L'ex-animateur

102. Claude Robin est décédé en 2010.

103. Entretien. Le prénom a été changé.

de Téléfoot, Pascal Praud, rencontré à l'occasion d'un reportage à la Pontaise en 2001, devient d'abord conseiller puis très vite directeur général délégué du FC Nantes. Le petit réseau nanto-lausannois détonne au sein du club. L'état d'esprit de l'époque est ainsi bien résumé par les journalistes de l'*Équipe Magazine*, en 2008 :

> « Depuis dix mois, l'homme d'affaires franco-polonais agit tous azimuts. "Waldemar est un président actif, assume Praud. Il entre dans tous les dossiers." Y compris le sacro-saint domaine technique, dont les entraîneurs nantais ont toujours eu le monopole. "Pour moi, l'entraîneur est un cadre supérieur comme un autre, lance Kita à la presse, mi-mars. L'entraîneur doit faire comme on lui dit !" Kita participe au recrutement des pros et des espoirs. Quand Christian Larièpe, le directeur technique, supervise Liedson, l'attaquant brésilien du Sporting Portugal, à Lisbonne, Kita est assis à son côté, en tribune. Kita ne s'interdit rien. Pressé de poser sa griffe au FCN, le président change le logo, met à la disposition de son équipe un bus aux couleurs du club et de nouveaux costumes, lance une chaîne de télé sur Internet, fait installer des sièges en cuir à 1 500 euros pièce sur les bancs de touche de la Beaujoire. À la Jonelière, le camp de base nantais, Kita procède au réaménagement de plusieurs bureaux. Ornés de bois précieux, les murs du sien accueillent trois écrans plats dernier cri... Ces dépenses finissent par agacer[104]. »

104. Article « Le cas Kita », *L'Équipe Magazine*, 17 mai 2008.

Une lutte des places

Question place, on peut dire que Kita a eu du mal à trouver la sienne, dans les premières quatorze années de son règne. Petit retour sur l'évolution du rôle des présidents du club nantais : « En 2001-2002, on passe d'asso en société anonyme, rappelle un salarié. Le dégagement de Denoueix a tout chamboulé. Et là ça change tout. On est partis dans un autre modèle. Jusqu'à Denoueix le patron c'était l'entraîneur. Depuis Gripond[105], le patron c'est le président. » Kita pousse l'évolution plus loin. Il croyait, au commencement du moins, à la venue d'un nouveau style de dirigeant incarné par lui-même : le président-entraîneur.

Rencontré pour cette enquête, le journaliste de *Presse-Océan* Bruno Lautrey se remémore cette période avec précision : « À l'époque, à la Beaujoire, la tribune presse était en dessous de la tribune présidentielle. Il engueulait l'arbitre depuis sa tribune d'honneur. On entendait ses insultes. Ça faisait mauvais effet. » Kita traîne dans les vestiaires, s'assoit sur le banc du *coach*, parasite le bon déroulement des choses. Pour la presse parisienne, l'homme a un « côté pittoresque ». À Nantes, le pittoresque frise l'incompétence et le grotesque. « On croit qu'il maîtrise tout, mais il ne maîtrise rien. Il délègue sans arrêt. Alors les gens en profitent », se désole un ex-salarié.

105. Président du FC Nantes, 2001-2005.

Praud, l'amateur[106]

Kita distribuera ainsi à son entourage des parcelles de pouvoir aux contours flous. L'époque Pascal Praud laisse aussi un goût amer selon l'avis de celles et ceux qui l'ont connu. Praud a beaucoup « travaillé » sur le foot : il est normal qu'à force d'écrire dessus il ait souhaité le voir de plus près. Ce n'est d'ailleurs pas le premier à échanger sa casquette de chroniqueur pour celle de « dircom[107] » d'un club de haut niveau mais, à Nantes, Pascal Praud est chez lui. Passé par Talence, Saint-Stanislas et la Perverie, fils d'un correspondant sportif de *Ouest-France*, Praud avait pour mission d'aider Kita à comprendre le contexte économique, social, politique… et sportif de la ville de Nantes. Mais deux décennies à Paris ont dû lui faire oublier certaines réalités : le profil type du journaliste nantais n'est pas celui d'un parisien, tout comme Nantes ne se résume pas à l'hypercentre. « Praud a dû promettre des choses à Kita », pense encore un ancien journaliste, car il était très interventionniste avec la presse nantaise. Une critique négative sur Kita ? Un coup de fil de Praud. Une info un peu trop au conditionnel ? Un coup de fil de Praud. Une info *off* trop bien renseignée… ? Encore un coup de fil. « En fait, si jamais il y avait un écueil, Praud nous tombait dessus, se souvient un ancien journaliste de *Ouest-France*. Je recevais sans cesse

106. Contacté à plusieurs reprises, il n'a pas donné suite.
107. Directeur de la communication.

des coups de fil pour débiner mes collègues. La relation était compliquée. Quand il m'appelait, j'en avais pour trois quarts d'heure[108]. »

Ce passage n'est pas non plus très bien vécu en interne. Dès ses premiers jours, Praud est pointé du doigt pour son ingérence dans tous les dossiers, alors qu'il « aurait mieux fait de s'occuper de la com », s'amuse aujourd'hui Alex, qui déplore pourtant son peu de compétence en la matière : « Il ne savait pas ce qu'était une identité visuelle, ni une charte graphique. Il a mis fin à la *newsletter* disant que ça ne servait à rien. » Un proche du *staff* de l'époque déclare ainsi : « C'est Praud qu'a foutu le bazar dans l'organigramme. » Sous prétexte de s'intéresser au *marketing* et à la communication, Pascal Praud « se mêlait du sportif et des transferts. Il se permettait de dire que tel joueur serait mauvais pour l'image du club… suivez mon regard », souffle Alex[109].

En 2010, c'est la rupture entre Kita et son dircom. L'article de *Ouest-France* qui annonce le départ de Pascal Praud récapitule le bilan de trois années de vicissitudes du chroniqueur au sein du FC Nantes :

> « L'échec de ce club qui a bercé sa jeunesse, comme il aime à le rappeler, est bien sûr un peu le sien. D'abord, en oubliant que plus encore que des résultats, le public nantais attendait de retrouver une marque

108. Entretien.
109. Entretien.

de fabrique, un style, une singularité. Il en convient aujourd'hui, mais, trop tard. [...] Ensuite, en ne parvenant pas à arrondir la communication d'un homme d'affaires montant dans les tours à la moindre contrariété. Enfin, en commettant sans doute une erreur d'appréciation : celle de se croire arrivé en terrain conquis, auprès des partenaires économiques ou des médias. Or, celui qui devait faire du lien est rapidement devenu celui que les Nantais adorent détester[110]. »

En interne, le départ de Praud est vécu comme « une délivrance », confie Alex. « On a même retrouvé un peu le sourire », dit-il, avant de lâcher très sérieusement : « On préférait aller au resto avec Larièpe qu'avec Praud. » Cette brouille ne durera cependant pas longtemps. Aujourd'hui, Pascal Praud est encore très influent auprès de l'homme d'affaires qui voit sans doute encore en lui une passerelle pour les cercles médiatiques parisiens[111].

Premier bras de fer

Six mois après son arrivée, après avoir modifié quelque peu l'organigramme, Kita souhaite désormais dégraisser le « mammouth » nantais, au moment très précis du recrutement de Praud à 15 000 euros par mois. Objectif : mettre à la porte vingt-trois salariés. Il faut dire que « Waldemar Kita ne s'était pas caché

110. Article « FC Nantes : Pascal Praud vers la sortie », *Ouest-France*, 19 février 2010.
111. Article « Le FC Nantes victime d'une tentative de déstabilisation politique », *Valeurs Actuelles*, 8 octobre 2018.

pour annoncer quelques lendemains qui déchantent », rappelle Christophe Delacroix dans les colonnes de *Ouest-France* en décembre 2007. Des licenciements justifiés à l'époque par « la réduction de budget qui accompagne logiquement une descente en Ligue 2 ». Cette réduction intervenait notamment sur les conseils du rapport Dayan. La contestation ne se fait pas attendre : levée de boucliers des salariés et colère du président du Syndicat national des administratifs et assimilés du football (SNAAF), par la voix de son président, Hervé Gorce, qui dénonce alors à l'époque une « initiative stupéfiante et lamentable ». Hervé Gorce n'hésitant pas à alerter Jean-Marc Ayrault et les élus nantais, « afin que [Waldemar Kita] annule un projet inique et totalement injustifié[112] ». Finalement, les négociations concluront au départ de « neuf salariés ».

Sportivement, les premières « années Kita » sont chaotiques. L'équipe composée par le duo Gravelaine-Dayan et mené par Der Zakarian a tenu le coup et fait remonter Nantes en Ligue 1 pour la saison 2007-2008. Pendant cet exercice, le ticket Kita-Larièpe prend la main sur le recrutement et bouleverse l'effectif. Fier de sa nouvelle équipe, Kita se vante, il fanfaronne, jusqu'à ce jour de juillet 2008 où il s'invite, dans un petit resto étoilé proche du pont de l'Alma, à la table de Gilles Favard,

112. Article « Plan social au FC Nantes : vingt-trois licenciements », *Ouest-France*, 14 décembre 2007.

conseiller sportif à Bordeaux. Les deux hommes se connaissent, ils se tutoient. Favard prend le pari avec Kita (ou plutôt le prévient) que son équipe terminera dernière non relégable, tandis que Kita pense plutôt terminer dans les huit premiers. Favard avait été optimiste : le parcours en Ligue 1 est en effet de courte durée et Nantes est de nouveau envoyée en Ligue 2.

> « La saison 2008-2009 n'est pas à la hauteur des espérances des *supporters*, qui s'agacent de plus en plus au fil des mois », nous rappelle *Ouest-France*, dans un papier de 2017. « Un match contre Auxerre, [NDA : 30 mai 2009] qui acte une nouvelle relégation, finit de mettre le feu aux poudres. Près de mille *supporters* manifestent avant le match et déploient des banderoles "Kita démission" ou "Gripond, reviens, il est pire". À la mi-temps, la tension monte encore. Malgré la victoire, des échauffourées éclatent à la sortie et des interpellations ont lieu. Les *supporters* évoquent "une fracture profonde". »

Quelques jours auparavant, le 26 mai 2009, le FC Nantes ayant généré d'énormes pertes, Kita doit passer devant la DNCG, « contraint, pour faire vivre [le FC Nantes], d'effectuer des apports au compte courant et des abandons de créances pour lesquelles il existe une clause de retour à meilleure fortune[113]. » En fin de saison, Kita se souvient de

113. Article « Une douloureuse à plus de 50 millions d'euros pour Kita », *Ouest-France*, 24 février 2010.

la prédiction de Favard. « Il faut que Gilles nous aide ! » entend-on à la Jonelière. Bien qu'à l'origine très bon compagnon de Pascal Praud, familier de Roussillon et copain d'Henri Michel, Favard le Bordelais, pour qui « le jeu à la nantaise est du passé » et « la Jonelière un vestige des années 1980 », n'était pas enclin à mettre un pied à Nantes. « En 2009, je viens pour faire le ménage » assène le conseiller sportif. Il a le temps de croiser Larièpe et Robin, qui eux partent dans de mauvaises conditions et « pas en bons termes[114]. » En effet, c'est un grand ménage : le joueur Guirane N'Daw part pour quatre millions, Ivan Klasnic pour huit millions, Guillaume Moullec, blessé plusieurs fois, est poussé à la retraite, etc. Total de la facture : 49,6 millions d'euros. Côté staff, c'est la même instabilité. En deux saisons, le FC Nantes voit passer trois entraîneurs[115].

Le « ménage » que devait faire Favard aura été bien vain : « Dès que Favard disait un truc, Kita appelait vingt-cinq mecs derrière, dont Larièpe et Robin », se souvient-on à la Jonelière. En 2011, Guy Hillion succède à Gilles Favard, qui finit par jeter l'éponge trois mois plus tard[116]. Interrogé en juin 2022, Gilles Favard a toujours les mêmes griefs qu'à l'époque de

114. Article Football : Christian Larièpe confirme son départ du FC Nantes, *Ouest-France*, 24 septembre 2009.
115. En comptant les trois matches de Der Zakarian et l'intérim de Larièpe.
116. Article « FC Nantes : Guy Hillion claque aussi la porte », *20 Minutes*, 16 juin 2011.

son éviction[117]. « C'est une période qu'on a tous envie d'oublier[118] », résume Camille, *supporter*.

> ***Anecdote***
>
> Un conseiller sportif ayant requis l'anonymat n'a pas pu s'empêcher de narrer l'anecdote suivante : « Waldemar a toujours été étonné que je connaisse tout le monde et que tout le monde me connaisse. Les mecs, ils parlent avec moi. J'ai la prétention de très très bien connaître le milieu du foot. Un jour, je suis avec Pascal Praud et il a Mickey (Henri Michel) au téléphone. Je dis à Praud : « Putain, ça me ferait plaisir de le voir ! » Praud organise un déjeuner quelques semaines plus tard à La Belle Équipe. Les Kita l'apprennent et se ramènent... on dit bon d'accord. Waldemar est d'ailleurs très étonné que je connaisse Michel. Bref. On est à table. On déconne, on déconne et à un moment donné Kita père dit à Michel : "C'est dommage que vous m'ayez pas connu avant parce qu'avec moi vous auriez progressé." Mickey me jette un regard du genre "qu'est-ce que c'est que ce type ? ". Tout le monde regarde dans son assiette. Mais Mickey garde la face et fait une blague. Kita c'est ça, il est du genre à être capable de dire à Alain Prost qu'avec lui il aurait gagné huit titres de champion du monde au lieu de quatre. Kita est ingérable ! Mais c'est Kita. Le type a 70 ans, personne ne le changera[119]. »

---

117. Article « FC Nantes. Gilles Favard règle ses comptes », *Ouest-France*, 16 mars 2011.
118. Entretien.
119. Entretien.

Chapitre 5

Naissance d'un clan

Si le président Kita est loin de faire l'unanimité au FC Nantes, et peine à fédérer les cœurs et les esprits autour de sa personne, ce n'est pas pour autant qu'il est un loup solitaire. Autour de lui, gravite une galaxie de gens de confiance parmi lesquels on trouve à une place de choix les membres de sa famille rapprochée ou des agents de joueurs omnipotents.

La place du fils

Quand on s'appelle Franck Kita, le plus difficile est de se faire un prénom. À la fin de ses études secondaires passées à Genève, la « maturité »[120] en poche, Franck s'envole en 2000 pour l'université de Californie, Irvine, où il obtient un *bachelor* spécialité *management*. Trois ans plus tard, Franck Kita empoche un *master business administration* (MBA) de l'université peu

120. Équivalent suisse du baccalauréat.

sélective de Saint John, à New York. Au sortir de ce diplôme, Kita fils possède les clés d'une entreprise qu'il a reçue de son père – une filiale de Corneal en Pologne – et s'assied dans un fauteuil d'administrateur de la *holding* familiale Flava Group. Dès 2007, à l'âge de 25 ans, « Junior », ainsi que le surnomme la presse, intègre l'organigramme du FC Nantes. À l'époque Kita fils ne suscite pas autant de « réactions tranchées[121] » que le père[122]. La transigeance médiatique dont bénéficiait Franck Kita[123] jusqu'à récemment étonne mais ne surprend pas. La présence aveuglante du père, jusqu'à son relatif retrait, il y a quelques mois, effaçait les pratiques tout aussi clivantes du fils. Pourtant, depuis 2008 au moins, « le flegmatique » Franck Kita, chargé du *marketing* et du développement, déborde très vite de ses prérogatives, et les langues se sont depuis déliées.

Au fil des années, Franck Kita trouve en différents personnages au sein ou autour du FC Nantes des figures tutélaires. Son père tout d'abord, avouait-il au journaliste de *Ouest-France*, Loïc Folliot en 2008 : « Quand on ne se voit pas, on s'appelle cinquante fois par jour, c'est pareil avec ma mère[124]. » Quatorze ans sont passés depuis cet article, mais la mitose a encore du mal à s'opérer. « Le père et le fils partagent encore

121. Article « Franck Kita, résolument différent », *Ouest-France*, 23 mars 2010.

122. Article « Il met souvent du cœur à l'outrage », *20 Minutes*, 12 septembre 2014.

123. Article « FC Nantes : Un nerf de famille », *Le Journal du Dimanche*, 19 juin 2017. Article « Franck Kita, un meneur de jeu d'avenir », *Ouest-France*, 11 février 2014.

124. Article « Football : Franck Kita à la droite de son père », *Ouest-France*, 19 mai 2008.

le même bureau à la Jonelière », lâche Alex. Qu'importe, si le père n'est jamais là ? Les *staffs* ont très tôt senti que ce duo n'est que de façade. « C'est simple, dans l'histoire récente du club, l'état du FC Nantes reflète l'état de la relation père-fils », confie une familière. « Si ça va bien entre eux, le groupe va bien », avoue un ancien collaborateur du clan. « Franck, c'est comme son père, toujours au téléphone à prendre l'avis de tout le monde », affirme une ancienne proche, « mais finalement il ne décide de rien ».

« Depuis le début, il se mêle des transferts et des nominations alors qu'il n'y connaît rien », s'exaspère un ancien cadre, comme le laissaient penser quelques articles du premier quinquennat[125]. En tant que patron, le bilan est négatif. On reproche au fils les mêmes travers que l'on reproche au père : l'instabilité, l'arrogance et la mauvaise connaissance des réalités locales. « Il ne vit pas à Nantes », déplore Alain. « Quand Franck arrive le lundi matin, il s'assied au bureau, prend le parapheur et signe les documents sans regarder », s'agace Alex, qui regrette que les Kita « ne connaissent pas les salariés ». Il ne participe pas aux réunions du CSE[126], soupire un ancien salarié. « Quand il y a un licenciement ou une rupture conventionnelle, il n'y a que les RH. Franck n'est

125. Article « FC Nantes : Claude Robin évincé, Pascal Praud menacé », *20 Minutes*, 18 février 2010.

126. Le comité social et économique (CSE), l'instance de représentation du personnel dans l'entreprise.

jamais là, même si c'est sa décision. » Dans une enquête de 2021, les journalistes de *L'Équipe* écrivaient que « certains *staffs* du passé soupçonnent Franck Kita de transmettre à son père une version assez personnelle du climat interne ». L'ambiance ne s'est visiblement pas améliorée. « Franck est un poison », assène Alex, ancien collaborateur de la famille Kita pendant plus d'une décennie au FC Nantes qui lui reproche « de monter les salariés les uns contre les autres. » À en croire les témoignages, l'*omerta* qui règne au sein du FC Nantes[127] est en partie de son fait.

Chantal Kita

La femme d'affaires se rend parfois aux matches, plus rarement aux entraînements à la Jonelière. Quand elle arrive, elle attire les sympathies, révèle un ex-salarié « touché par ses attentions ». « Chantal est très distinguée et polie », dit-il. Elle qui ne semble pourtant ne pas avoir le nez dans les affaires nantaises « connaît nos prénoms », confie Alex. Une persistante rumeur raconte pourtant qu'elle souhaite que son mari se débarrasse du FC Nantes – surtout depuis les problèmes de santé que Kita a rencontrés en 2010. L'enjeu est de savoir à qui appartient le club ? En réalité, « elle n'a pas son mot à dire, ils sont mariés sous le régime de la séparation de biens », sourit une ex-intime de la famille. Une version contredite par Jean-Marc, ami du couple pendant

127. Voir chapitre 6.

de nombreuses années : à la fin des années 2000, « les Kita étaient mariés sous le régime de la communauté des biens » se rappelle ce témoin des moments privilégiés de scènes de ménage du couple. Alors, le FC Nantes, propriété de Kita ou des Kita ?

« Chantal a toujours menacé que, en cas de divorce, les parts seraient divisées en quatre, pas en deux. Et que Waldemar n'aurait plus que 25 % du reste », se souvient un ex-collaborateur. Elle n'aurait pas son mot à dire, mais elle joue pourtant un rôle non négligeable dans le fonctionnement des différentes entreprises familiales. En véritable femme d'affaires, « elle sait tout ce qu'il se passe, elle a les yeux rivés sur les comptes », confie une ancienne amie de la famille. Et en effet, sur le papier, Chantal Kita, sous son nom d'épouse, a successivement tenu plusieurs fonctions au sein des différentes entreprises de son mari. Secrétaire-comptable d'abord, elle est ensuite rapidement devenue DG de Corneal, dans les années 1980, actionnaire de FK Montaigne et *manager* de FSK Valery[128]. Sous son nom de jeune fille, elle apparaît en tant qu'associée dans les affaires d'embouteillages d'eau de source de Waldemar. Leur fille, aujourd'hui directrice de la clinique de chirurgie esthétique Alphand à Paris (XVIe)[129], fut gérante des eaux de Treignac jusqu'en 2018. Zoom sur cette partie méconnue de l'activité des Kita :

---

128. FK Montaigne et FSK Valery sont deux sociétés spécialisées dans le secteur d'activité de la location de terrains et d'autres biens immobiliers. Source : pappers.com.
129. « Alphand Pergolese Société : 328 988 142 », in société.com.

La fontaine de jouvence

« Depuis qu'ils boivent notre eau, les footballeurs du FC Nantes n'ont pas perdu un match », s'amuse Michelle Sainte-Laudy, directrice générale et fondatrice de la Société des eaux de source de Treignac, dans les colonnes du *Point* en novembre 2013[130]. Cette eau « réputée pour la pureté de son goût[131] », qui est aussi bue à l'Élysée[132] va inonder le FC Nantes, à partir du moment où Waldemar Kita devient actionnaire de l'entreprise corrézienne. À la Beaujoire et à la Jonelière, les bouteilles sont partout : dans les vestiaires, sur les tables, bien visibles en conférence de presse, dans les loges et à volonté pour les journalistes en tribune presse. Pendant un temps, on retrouve même la marque floquée sur les maillots de l'équipe fanion. Si bien que l'on s'interroge : à combien l'entreprise Treignac vend-elle ses bouteilles au FC Nantes ? Quel est le montant de la facture et pour combien de litres ? Est-ce que Kita fait un prix à Kita ? Il fallait bien écouler cette marchandise, les débouchés commerciaux étant restreints, au départ, à quelques marchés d'agrément. Pourtant, cette eau était *a priori* destinée aux affaires dermatologiques et non footballistiques.

L'idée de « posséder » sa propre source jaillit dans la tête de Kita au début des années 2000, lors d'une visite à l'usine Badoit de Saint-Galmier. À l'époque il s'exclame que « c'est avec de l'eau qu'on

130. Après cette déclaration, Nantes perd ses deux matches suivants, contre Valenciennes puis Marseille.

131. Article « Eau de Treignac réputée pour la pureté de son goût, elle contiendrait aussi des actifs pour protéger la peau », *La Montagne*, 14 février 2017.

132. Article « Une eau limousine sur les tables de l'Élysée », *Le Populaire*, 4 août 2013.

peut faire le plus de pognon, y'a qu'à se baisser pour en trouver. » se rappelle un témoin présent lors de cette visite. Comment a-t-il trouvé Treignac ? On l'ignore. Mais cette eau semble être la source opportune pour les activités de Vivacy, puisqu'elle « contiendrait aussi des actifs pour protéger la peau ». Dès son achat, Waldemar Kita prétend que « cette eau a des caractéristiques qui peuvent être utilisées dans un but scientifique, en médecine esthétique. » L'argument de vente était donc bien senti. Aujourd'hui, l'eau de Treignac entre dans la composition des cosmétiques Vivacy. On a demandé l'avis à des dermatologues. Nos mails sont restés lettre morte. Les échos qui nous parviennent du terroir treignacois confirment que c'est une eau tout à fait potable et même pure. « On vit sur les contreforts du Massif central dans une zone granitique et entourée par des forêts de pin. C'est une eau préservée car il n'y a pas de cultures, pas de bovins, pas de nitrates à la source », raconte Frédéric, natif du coin, intarissable sur le sujet. Même si pour lui « elle n'a jamais eu une quelconque vertu cosmétique ou dermatologique », ni aujourd'hui ni dans les légendes anciennes.

Bayat et Sanogo : bref profil d'une œuvre

Tout a été dit ou presque sur Arnaud Mogi Bayat, l'agent de joueurs d'origine iranienne, sous le coup d'une enquête pour blanchiment et participation à une organisation criminelle. Il est considéré comme le directeur sportif officieux du FC Nantes. Vendeur de jus de fruits et de sodas dans l'entreprise de son oncle à la fin des années 1990, « Bayat a souvent rêvé de posséder son club », relève un conseiller sportif qui a souvent croisé sa route. Bayat endosse le costume de directeur général du Royal Charleroi Sporting Club, acheté quatre ans plus tôt par son oncle. Il fait ses gammes et gagne en envergure comme il le raconte au quotidien *L'Écho* en 2018 : « Grâce à mon travail à Charleroi, j'ai appris à connaître le marché belge et j'ai constitué un vaste réseau [...] Je me suis occupé de droits de retransmission télé et de *sponsoring*. C'est ma chance : je connais beaucoup de monde en Belgique et à l'étranger[133]. » En 2010, Bayat devient un agent pas comme les autres, synthétisent les journalistes de la RTBF : « Lui, il facilite les *deals*. Il intervient dans les situations désespérées et règle les choses en empochant une commission plus faible que ses confrères[134]. » Interrogé par *L'Équipe* en février 2021, Bayat se défend d'avoir un quelconque pouvoir au FC Nantes s'adjugeant le rôle d'« un "fournisseur" du club ». Pourtant depuis quelques années, Bayat possède la haute main sur les transferts nantais : Rongier, Kayembe, El-Ghanassy, c'est Bayat. Kara Mbodj, Limbombe, Appiah, Benavente, c'est Bayat. Blas, Emond, etc. « Une haute main » dans la main avec Bakary Sanogo.

Âgé de 52 ans, d'origine malienne, Bakary Sanogo est un agent omniprésent au FC Nantes. Il n'a cependant pas de licence officielle auprès de la Fédération française de football,

133. Article « Mogi Bayat, l'araignée du football belge », *L'Écho*, 10 octobre 2018.
134. Article « Mogi Bayat, l'agent autodidacte et omnipotent au centre du football belge », *RTBF*, 10 octobre 2018.

même s'il affirme en disposer d'une dans son pays d'origine. Très proche de la famille Kita, qu'il accompagnait au Stade de France lors de la finale du 7 mai 2022, il gère la carrière de plusieurs joueurs au FC Nantes, mais possède une très grande influence sur les transferts et les prolongations de contrat des joueurs. Il n'est lui aussi pas exempt de démêlés avec la justice qui s'intéresse actuellement à lui au sujet de versements de commissions et de pratique illégale du métier.

Des pratiques controversées

Le clan n'aime pas se laisser marcher sur les pieds, et n'hésite pas à faire pression afin de restreindre la liberté d'expression de ceux qui voudraient s'y opposer. C'est ce qu'on peut constater notamment en tribune, avec par exemple le contrôle des banderoles de *supporters*. « Officiellement, les banderoles ne sont pas autorisées mais ils n'interviennent pas toujours pour les enlever. Ça dépend des périodes, mais parfois ils le font de manière violente », confie un *supporter*. Cette intolérance à la critique s'est intensifiée pendant l'éprouvante séquence YelloPark explique un *supporter* : « On est passé des intimidations en tribune à des intimidations sur les réseaux sociaux. Des faux comptes se sont créés dans tous les sens pour mener des raids contre les opposants au projet. Mais des faux comptes se sont aussi créés du côté des opposants au YelloPark. » Ces tendances autoritaires de la part de la direction ne semblent pas avoir permis d'éteindre les critiques, bien au contraire. Les *supporters* s'illustrent aussi par des épisodes de comportements provocateurs, comme le montre le fameux épisode du cercueil. Lors d'une manifestation pour demander le départ de Kita du fait de la mauvaise gestion administrative et sportive, les supporters ont terminé leur marche, à la fin de la saison de 2021, par l'enterrement symbolique du cercueil de Kita ou plutôt celui de sa présidence – puisque le cercueil était au nom du « FC Kita ». Ceci a évidemment rendu fou de rage l'intéressé qui a déclaré : « C'est un drame ce qui s'est passé [la semaine dernière], on enterre un mec vivant. On enterre toute une famille, tout un club[135]. » L'incompréhension est donc réciproque et les deux entités irréconciliables.

Dans ce climat, on a pu voir à plusieurs reprises, les uns ou les autres ne pas hésiter à utiliser des méthodes musclées. En témoigne cette vidéo du 9 mai 2009 où l'on voit Kita donner un coup de tête à un *supporter* qui l'avait accueilli au Stade de France avec une banderole un peu trop négative à son goût. Cet accès de violence envers des *supporters* n'est pas isolé. Un *supporter* raconte ainsi s'être fait prendre à partie violemment par les Kita lors d'un match amical à Canet-en-Roussillon, en janvier 2009. Alors que le *supporter* l'avait taquiné visuellement durant la première période, il s'est retrouvé, à la mi-temps, attaqué par Waldemar, Franck et un membre du *staff*, qui n'y sont pas allés de main morte.

135. Article « Un cercueil déterré, il y aura bientôt "un mort" à Nantes selon Kita », *Sport.fr*, 31 mai 2020.

« Je me prends des coups alors que je suis à terre puis je suis traîné dans un local à poubelles. Les gars du Canet [sic] nous séparent. Je me relève, assez énervé. Les gars du Canet me calment. Et chacun retourne à sa place. Je suis allé déposer plainte à la gendarmerie du coin. Puis, pas de suite. » Un autre témoignage datant également de 2009 corrobore cette tendance à la violence lorsque les Kita se sentent attaqués.

Polska connection

« Waldemar est un *self-made-man* en France. Il est têtu et cohérent dans ce qu'il fait et c'est son succès. Ce sont aussi les gènes qui jouent un grand rôle ici », se félicite la cousine estimant qu'il serait préférable de payer un petit quelque chose si on souhaite en savoir plus. « Le flair pour les affaires est dans toute notre famille », achève-t-elle, non sans humour. Si la référence aux gènes fait sourire, l'origine de Kita est sans conteste une variable importante pour son activité professionnelle.

Le retour de Kita en Pologne se produit donc principalement par le biais des affaires. D'abord, *via* sa société Corneal Industrie, qui ouvre le bal de son expansion à l'Est. Waldemar et son équipe ont ainsi la bonne idée de monter les premiers cours de chirurgie oculaire moderne d'après la chute du mur. « Au moment de la dislocation du bloc soviétique, se souvient Jean-Marc, nous sommes allés à Poznań proposer nos services. C'était un moment émouvant pour Waldemar. » En 1996, une deuxième pierre est posée en créant un centre de distribution Corneal, avant de délocaliser une partie de la production des implants en mars 1999, révèle *Les Échos*. « [...] Pour se développer sur le créneau du bistouri oculaire, Corneal, dirigée par Vladimir Kita [sic], cherche aujourd'hui à réduire les coûts de fabrication dans son métier de base, les implants oculaires. La société, qui emploie 250 salariés, va investir 2,5 millions de francs (380 000 euros) dans un nouveau site de fabrication à Varsovie[136]. » Une fois bien implantée, Corneal Polska signe de nombreux contrats avec les institutions notamment les hôpitaux militaires. « Quand Waldemar allait dans les hôpitaux militaires, il avait ses entrées. Son nom était connu. Il passait de longs moments avec des gradés âgés qui se remémoraient des histoires. Dans les attitudes, on captait qu'il y avait un lien », nous éclaire Jean-Marc, malheureusement non slavophone. C'est également vers les années 2006-2007 que Kita pointe le bout de son nez dans le classement des cent Polonais les plus riches selon le classement de l'hebdomadaire nationaliste *Wprost*. Il est à cette date la 27e fortune de Pologne. En 2010 et 2011, il est classé trente-cinquième sur cette liste pour un portefeuille estimé à près de 133 millions d'euros[137].

Si tu ne viens pas faire du foot en Pologne...

À la fin des années 1990, Kita se rend très souvent à Cracovie, pour les affaires notamment. Il y fait la rencontre

136. Article « Corneal délocalise une partie de sa production en Pologne », *Les Échos*, 2 mars 1999.
137. Article « 100 najbogatszych Wprost », in rankingi.wprost.pl/

de Krzysztof B., *alias* « Piotr le Climatiseur », un homme d'affaires polonais ayant fait fortune grâce au développement de la téléphonie. « À l'origine Krzysztof est un installateur de climatisation. Avec le développement de la téléphonie, les opérateurs avaient besoin de la clim pour les *data centers*. Krzysztof a su se rendre indispensable et a gagné beaucoup d'argent », révèle un ancien associé. L'homme sera aperçu quelques fois au Lausanne-Sport où il aurait tenté d'endosser le costume d'agent de joueurs, sans succès.

Enfin bien implanté en Pologne au début des années 2000, Kita lorgne les clubs de foot dans un moment tumultueux mais opportun. Selon Mathieu Pecquenard, spécialiste du football polonais pour le site footballski.fr et derrière le compte Twitter Pilka & Nozna. « Si ça va mieux aujourd'hui, le monde du foot en Pologne a été traversé par de nombreuses dérives : gros déficit de régulation, disparition de l'argent et des joueurs qui ne voyaient pas la couleur de leur salaire[138]. »

En 2006, Kita étudie sérieusement la reprise d'un club de football polonais. Et pas des moindres : le Wisła Kraków, un grand club de l'ancienne capitale[139]. Cette année-là, le club fête son centenaire. En cent ans, il totalise onze titres de champion de Pologne et autant de places de dauphin. Malgré un certain prestige, le propriétaire du club Bogusław Cupiał, homme

138. Entretien.

139. Article « Le Wisla Krakow, rachat, crèche de Noël, famille royale cambodgienne et *cigar lounge* londonien », *Footballski.fr*, 22 décembre 2018.

d'affaires polonais ayant fait fortune dans la téléphonie, considère qu'il est temps de revendre le club. Kita n'achètera pas le club. « Les deux hommes se méfient l'un de l'autre, relate le jeune journaliste. Ni l'un ni l'autre ne se rencontrent. Pendant les discussions, Kita reste en France, car Cupiał ne veut pas le recevoir et lui envoie son avocat qui lui propose un prix de vente exorbitant. Kita trouve le prix trop élevé. Il est vexé. Lui, il voulait rencontrer le président Cupiał[140]. » L'histoire s'arrête là. En somme, le *business* Kita-Cupiał ne pouvait pas se faire car les deux personnages sont trop similaires, ou plutôt leurs *ego*. Mathieu Pecquenard précise que « Cupiał est de la même trempe que Kita. Cupiał fait partie de ces entrepreneurs qui sont persuadés de pouvoir faire du blé avec un club de foot. En ça, Kita est très polonais. D'ailleurs, Kita serait un président normal en Pologne[141]. »

Depuis cette histoire, il y a un serpent de mer en Pologne : dès qu'un club est en vente, l'ombre de Waldemar Kita plane sur les négociations. « La question de la reprise de Biała Gwiazdy est revenue dans les médias à plusieurs reprises par la suite, mais elle n'a jamais été fondée », révèle le quotidien sportif polonais, *Interia Sport*, en 2019. En réalité, après ce râteau, il ne s'est plus trop mouillé dans les affaires footballistiques polonaises… à quelques exceptions près.

140. Article traduit : « Un homme d'affaires français voulait la Vistule. Mais c'était trop cher », *sport.wprost.pl*, 5 février 2014.
141. Entretien.

… la Pologne viendra à toi

Le lien ne s'opère finalement pas tant comme un retour de la France vers la Pologne, mais *via* un tropisme polonais dans ses affaires françaises. Le FC Nantes dans la poche, Kita annonce ainsi dans différentes réunions qu'il ne souhaite « acheter et former que des joueurs d'Europe de l'Est », condition *sine qua non*, selon lui, pour en faire « un très grand club », se souvient notamment Marie-Françoise Clergeau, en 2007 ou 2008, lors d'une assemblée générale avec les partenaires. « On était surpris, c'est la première fois qu'on entendait ça. » L'histoire montre que ça n'a pas été une grande réussite et que Kita a du composer avec la réalité pour constituer toutes ses équipes, et dans le *staff* et dans les joueurs. De fait, si Kita a bien eu un entourage franco-polonais, en amitié comme en affaires, hormis l'ex-défenseur du FCN Krzysztof Frankowski, un temps membre de la cellule de recrutement au début, et le journaliste sportif Tadeusz Fogiel[142], administrateur du FC Nantes, la diaspora polonaise et plus largement « d'Europe de l'Est » n'a pas vraiment brillé par sa visibilité durant les quinze premières années à la tête du FC Nantes.

Une exception cependant, la question du club de formation. En 2016, le FC Nantes et l'Akademia Pilkarska 21, dirigé par

142. Article « Un Polonais distingué est mort à Paris », *interia.pl*, 22 janvier 2022.

Robert Parzonka, un notable polonais, s'associent[143]. Ce partenariat intrigue. Il n'est pas rare de voir des clubs de football s'associer à des structures de formation. L'idée première est de s'installer dans « des pays mineurs du football » dans le but d'essayer « de capter des jeunes joueurs talentueux au détriment des autres clubs », note Jérémie Bastien, enseignant-chercheur à l'université de Reims et économiste du sport. « S'il y a une finalité sociale, poursuit le jeune chercheur, dans le fond les clubs captent des joueurs souvent très jeunes, pas chers, bien formés, pour réaliser des plus-values à la revente. » Pour souligner ce caractère spéculatif, les clubs se retrouvent souvent « dans des pays en voie de développement, comme en Afrique, en Amérique du Sud et Amérique Latine en particulier, qui sont des pays très exportateurs de joueurs ». C'est le jeu, comme on dit. Ou plutôt la loi du marché. En revanche, ces structures de formation semblent « discutables » à bien des égards rappelle l'économiste. « Il arrive souvent que les clubs focalisent sur les jeunes qui sont performants et qui vont réussir. Ils ne vont pas s'intéresser aux autres. »

« La deuxième finalité est une visée *marketing* », complète Jérémie Bastien. De fait, « dès le moment où, dans un effectif, il y a un joueur asiatique, on va capter un public asiatique », décrypte le chercheur. Avec Kita, on semble être dans la même logique : l'idée de s'associer à une structure

143. Article « Le FC Nantes en visite en Pologne », *fcnantes.fr*, 2 février 2017.

polonaise pour capter des talents polonais, bien que « les marchés de l'Est ne soient pas des marchés porteurs », affirme Jérémie Bastien. Avoir un club, c'est véhiculer une image sur un marché ou, au mieux, essayer de se faire connaître *via* cette activité. « Cela permet de créer des synergies sectorielles et de nouer des relations avec des acteurs plus ou moins proches du football », précise l'économiste.

En ce qui concerne les joueurs, trois figures de la « filière polonaise » ont fait couler de l'encre sur le pavé nantais ces dernières années et méritent qu'on s'y attarde.

En 2016, l'attaquant international polonais Mariuzs Stępiński se dit « très heureux de rejoindre le FC Nantes. » L'avant-centre restera deux saisons mais ne laisse aucun souvenir mémorable aux Nantais : « un doublé contre Blois » en 2017 et « un but contre Marseille, point barre », tente de se rappeler un *supporter* qui suit l'évolution de l'effectif depuis des années. L'espoir des U21 polonais restera surtout en fait dans les mémoires nantaises pour la querelle opposant Kita à Janusz Paterman, restaurateur fortuné, propriétaire du Ruch Chorzów et vendeur de Stępiński. « Au moment du *mercato*, explique Mathieu Pecquenard, Kita parle directement avec Paterman. Mais Paterman se méfie de Kita. Les deux hommes ne vont pas s'entendre du tout, ils vont s'appeler des dizaines de fois, chacun pour augmenter ses commissions[144]. » Le jeune Stępiński avoue être chiffonné par cette situation et s'attend à retourner d'un moment à l'autre en Pologne, pendant que Kita et Paterman règlent leur compte *via* médias interposés[145].

Pour servir de « locomotive » au FC Nantes et de produit d'appel à son Akademia en cette nouvelle saison 2016-2017, Kita ne pense qu'à Krychowiak. Petit rappel. Prêté un an par Bordeaux au FC Nantes lors de la saison 2011-2012, le milieu de terrain Grzegorz Krychowiak n'a guère brillé sous les couleurs des Canaris. Krychowiak quitte le FC Nantes et bondit de club en club jusqu'à son arrivée au PSG en 2016. Le jeune homme, qui avait signé pour trois saisons, se retrouve à chauffer le banc pendant la plupart des rencontres lors de la première année de son contrat parisien[146]. Une nouvelle « aubaine » pour Kita qui, le voyant dépérir à Paris, multipliera les opérations de séduction afin de le faire revenir à Nantes. Peine perdue. Krychowiak partira pour l'Angleterre et poursuit aujourd'hui sa fin de carrière en Arabie Saoudite après un long passage… au Lokomotiv Moscou.

La seule réussite notable de la filière polonaise est le U19 Michał Feliks à mettre au crédit de l'Akademia en 2016-2017.

---

144. Article « Ruch Chorzów, histoire silésienne, légende d'un géant et sa décadence », *Footballski.fr*, 8 mai 2019.
145. Article traduit du polonais « Stępiński à deux pas de Nantes. Ruch bloque le transfert ? », *TVP Sport*, 25 septembre 2016.
146. Article « PSG : Krychowiak a refusé le FC Nantes », *Onze Mondial*, 8 août 2017.

Après son bout de chemin sur le gazon nantais, le jeune attaquant a signé cet été en Ligue 1 polonaise.

Kita est-il victime de xénophobie ?

« Ah ! Oui... le Polonais ! » peut-on entendre à l'autre bout de la France à l'évocation du nom de Waldemar Kita. La récurrence des références à son origine – alors qu'il est Français depuis quarante ans – et parfois certaines intonations nous font froncer le nez. On savait déjà que Kita était le Nantais le plus connu de France, au cours de cette enquête, on découvre qu'il est aussi le Polonais le plus identifié. Pourquoi cette sempiternelle assignation à son origine dans la bouche des commentateurs qui va jusqu'à choquer la presse de son pays de naissance[147] ? « Parce qu'il y fait toujours référence, il a ouvert la voie », a-t-on pu entendre çà et là. Certes, il le revendique. « Si aujourd'hui il dit à tout le monde qu'il est Polonais, c'est pour éluder ses fautes de français », pense deviner un de ses vieux amis. Peut-être aussi en réaction à la glottophobie[148] à laquelle il est particulièrement exposé, en tant que personnage public. Toujours est-il que cette revendication n'explique ni n'excuse les remarques xénophobes dont il a été victime à plusieurs reprises, comme ce jour, où, au cours d'un conseil d'administration d'une instance du

147. Article « Ils l'attaquent parce qu'il est polonais : les fans voulaient lyncher leur président ! », 9 novembre 2016.
Article « Son club a remporté la Coupe de France. Les fans et les médias l'attaquent toujours. "Peut-être parce que je suis polonais ?" », *sport.onet.pl*, 19 mai 2017.
148. Discrimination basée sur certains traits linguistiques, notamment les accents. Le Petit Robert.

foot français, on lui a « conseillé » de rester à sa place car il n'était pas dans son pays. Un mal-être qu'il exprime au soir d'un grand moment de tension entre lui et des supporters en novembre 2016 : « Je ne suis pas accepté et je me fais insulter parce que je viens de Pologne. Cela m'emmerde », a-t-il lâché sur les ondes de RTL.

Alors, si Kita est rejeté à Nantes, est-ce en raison de son origine ? La question est sans doute plus complexe, et il ne s'agit bien sûr pas de nier la légitimité de l'agacement face au caractère tempétueux et à l'ensemble du comportement de l'homme d'affaires, lui-même sujet aux propos et idées singulières à l'égard d'autres communautés. Cependant, son origine semble jouer en sa défaveur, créant un décalage, attirant l'attention sur lui ou n'appelant pas à la clémence. En tout cas, comme beaucoup d'immigrés, l'image de Kita est traversée par des tiraillements liés à son identité. Pour les Français l'homme semble représenter le sempiternel Polonais, alors que pour les Polonais, Kita est considéré comme Français.

Jean-Marc nous raconte à ce propos une anecdote : « Dans son bureau, Waldemar était fier d'avoir encadré et mis en valeur une photo de lui avec un groupe d'entrepreneurs sur le perron de l'Élysée aux côtés de Jacques Chirac. Sur cette photo, Waldemar est légèrement en retrait, sur le côté, comme en décalage. » Cette photo que Waldemar aimait mettre en avant et montrer à tout le monde résume selon lui « le grand drame de Kita : ne pas réussir à s'intégrer dans l'univers des gens à qui il aimerait ressembler ».

Chapitre 6

La gestion sportive et humaine du FC Nantes

La trajectoire de l'attaquant Emiliano Sala au sein du FC Nantes est emblématique de la gestion du FC Nantes par le clan Kita.

« Emi »

Centre millimétré d'Abdoulaye Touré. Coup de tête de Sala et but. Des cris, des hourras. Tandis que Sala se dirige vers la tribune Loire, des dizaines, peut-être des centaines de *supporters* se pressent contre les barrières métalliques. Dans la ferveur, Sala se laisse embrasser par une petite poignée d'entre eux[149]. « La célébration de son but avec la tribune Loire m'a vraiment ému », se

149. Vidéo « But Emiliano Sala (30') / FC Nantes - Olympique de Marseille (3-2) (FCN-OM) / 2018-19 », YouTube, Ligue 1.

rappelle Max Lallement, jeune *supporter* du FC Nantes, né en 1992, deux ans après Sala. « Je ne me souviens pas trop des buts vus à la Beaujoire, je me souviens d'émotions. Mais ce but du 5 décembre 2018 contre Marseille, je m'en souviens très bien », poursuit le jeune natif du Nord, qui refait le match comme s'il l'avait vu la veille. Plus que tout, c'est son osmose avec les *supporters* qui le bouleverse encore aujourd'hui. « Il aurait pu célébrer tout seul dans son coin mais il ne l'a pas fait. » Ce soir de décembre 2018, Emiliano Sala Taffarel inscrit son douzième but depuis le début de la saison. Douzième, et dernier.

La trajectoire victorieuse de Sala au FC Nantes n'était pas écrite d'avance. Lorsqu'il arrive de Bordeaux en 2015, l'attaquant originaire d'Argentine n'est pas vraiment souhaité, ni par les Kita ni par les *supporters*. Arrivé discrètement pour un million d'euros avec une clause de 50 % pour les Girondins à la revente, aux yeux du public, Sala semble encore une mauvaise affaire des Kita. « Nul », « encore un bourrin de Girondin », « Sala, on n'en veut pas », reconnaissent avoir pensé à l'époque les *supporters* sans doute à regret. Dans les premiers temps, « ce bon numéro deux » ne fait aucun match en équipe première. Il évolue alors dans l'ombre de l'international islandais, Kolbeinn Sigthórsson, le super coup des Kita à 150 000 euros par mois[150], finalement pas très efficace lors de son passage à Nantes[151].

150. Article « Kolbeinn Sigthorsson est nantais ! », *Fcnantes.fr*, 2 juillet 2015.
151. Sous le maillot nantais, « Kolbeinn Sigthorsson a inscrit un but toutes les 625 minutes jouées », selon *Tribunenantaise.fr*.

L'adaptation est lente. Au fil des mois, pendant que Sigthórsson « se préserve », Sala « l'anti-Nantais » fait ses preuves « à force de travail et d'humilité ». « C'est l'anti-Nantais dans le jeu. Nantes a formé des esthètes comme Henri Michel. Lui, c'est un besogneux, parfois maladroit, mais avec une détermination folle. Il est à l'opposé du jeu à la nantaise, mais se retrouve cependant dans les valeurs, celles de l'effort. Car toutes les bonnes équipes de Nantes avaient cette particularité de courir beaucoup », tient à préciser Jean-Marcel Boudard. Deux années laborieuses où rien n'est encore acquis pour Sala. « C'est sous Conceição que Sala explose tout », se souvient Camille, *supporter* et observateur avisé du FC Nantes. Janvier 2018, auteur de sept réalisations et deux passes décisives, « "Salagoal" réalise alors son meilleur début de saison en Ligue 1. Impliqué dans près de la moitié des buts nantais, son influence dans le rendement offensif de son équipe est devenue primordiale. Surtout, à chaque fois, ses buts rapportent gros, près d'un tiers des points amassés par le FC Nantes, l'un des meilleurs ratios parmi les attaquants évoluant en Europe. »

Le désormais meilleur buteur des *jaune et vert* n'a pas d'envies d'ailleurs. Les Kita décident d'ouvrir des négociations pour prolonger l'attaquant argentin. Les tractations ne durent pas. « Ce premier échange tourne court et reste même sans lendemain. Surtout, il génère un climat de défiance et une profonde amertume qui ne cessent de grandir au fil du temps, pour lui qui avait déjà le sentiment que le clan Kita ne l'avait pas désiré à l'été 2015 », explique Jean-Marcel Boudard dans les colonnes de *Ouest-France*.

À cette époque, la direction du FC Nantes prolonge les baux de plusieurs cadres après un exercice intéressant : Valentin Rongier, Lucas Lima et Diego Carlos, notamment. Ces trois joueurs bénéficient d'une « importante revalorisation » salariale. « Tous, sauf Emiliano Sala. » Comme le rapporte cet article, Emiliano Sala ne comprend pas cette situation et s'en offusque. « Ça lui faisait mal de quitter Nantes », confie Alan Boschero, un de ses meilleurs amis argentins, qui a évolué avec lui au centre de formation de Proyecto Crecer. « Nantes, c'était sa maison. »

Au mois d'août 2018, durant le *mercato*, la direction du FC Nantes mandate des agents pour un possible transfert en Italie. Ils souhaitent alors récupérer douze millions d'euros. « On lui envoie le signal qu'il doit partir, raconte un ami argentin interrogé par *Ouest-France*. Pour lui, c'était très décevant. » Emiliano Sala trouve facilement du soutien auprès des salariés et des quelques *supporters* au courant de ce tiraillement. « Il est heureux à Nantes, il a sa vie, ses amis, son chien. Il ne voulait pas de départ à Cardiff », répète Alex, un ancien salarié et ami du joueur.

Entre les murs de la Jonelière, l'ambiance est désastreuse. Emiliano Sala reçoit pression sur pression. « On fait comprendre à Emi qu'ils feront tout pour l'empêcher de rester », témoigne Alex. « Du jour au lendemain, Franck Kita ne lui serre plus la main, quand il le croise à la Jonelière, il ne lui dit plus bonjour.

Comme un jour dans les vestiaires où le clan Kita débarque, fait des *checks* à tous les joueurs, sauf à Emi », se souvient Alex, témoin de la scène. « C'était ni plus ni moins du harcèlement pour le pousser à signer dans un autre club », dénonce un autre ancien salarié qui avait sa confiance. « Si je reste, ça va être un enfer », lui aurait en effet confié l'ancien attaquant argentin.

Emiliano Sala n'a plus le choix et s'y conforme. Il partira mais pas à n'importe quel prix. Il a déjà refusé plusieurs offres. C'est alors qu'entre en jeu dès le début du *mercato* d'hiver l'agent sans licence Willie McKay. « La proposition vient du clan Kita. Ça ne vient pas de Cardiff », souligne Jean-Marcel Boudard.

Pendant toutes les négociations, chez les Kita, l'ambiance est survoltée, révèle une intime du clan. « Waldemar ne voulait pas de Sala. Il ne l'aimait pas. Il n'en voulait pas. C'était un Argentin qui avait un caractère. Ça ne se passait pas bien du tout entre eux », se souvient la jeune femme, avant de préciser : « L'époque Sala, c'est l'époque où Kita a des problèmes financiers. Ils avaient déjà besoin d'argent, besoin de trésorerie. Dans les couloirs ça gueulait : « Il faut cet argent ; il faut les dix-sept millions ! » J'entendais tout », jure-t-elle. Ainsi, dans des courriels dévoilés par *L'Équipe*, cet agent le pousse à faire ses valises pour Cardiff[152]. « L'ambition de Neil Warnock [*manager* de Cardiff], c'est que tous

152. Article « Le mail de Willie McKay à Emiliano Sala : "Pas de sentiment, simplement du business !" », *L'Équipe*, 31 janvier 2019.

ses joueurs n'aient qu'un seul but : te transmettre la balle dès qu'ils l'auront. Il te considère comme un avant-centre anglais typique, comme Drogba ou Alan Shearer. Il m'a dit que tu marquerais aussi facilement dans son équipe qu'avec Nantes, car tous tes coéquipiers à Cardiff joueront sur tes forces. » [...] « Voici donc un club qui te veut vraiment et qui croit en toi, comme nous le faisons. Et si un grand club se manifeste quand tu seras à Cardiff, ils ne t'empêcheront pas de partir. » [...] « D'après mon expérience, si tu n'essaies pas la Premier League maintenant, tu le regretteras. On a dit que tu ne voulais pas aller à Cardiff. C'est probablement notre faute, c'est nous qui avons dit dans les médias que d'autres clubs étaient intéressés (West Ham, Everton, etc.), pour créer un intérêt autour de toi. C'est comme ça que nous procédons, et cela peut être mal compris par le joueur. » Willie McKay évoque même un salaire de 50 000 livres par semaine (57 000 euros) pour séduire le joueur. « Non » répond Sala. Cependant, « Emi concède qu'une visite du club ne l'engagerait à rien. Il y va, l'ambiance est *cool*, il est super bien accueilli et, quand il revient, il se dit que c'est peut-être une bonne idée », dévoile Alex. Il signe un contrat de trois ans et demi le 18 janvier 2019. Le Cardiff FC est fin prêt à proposer un chèque de dix-sept millions d'euros au FC Nantes pour le transfert de Sala, auxquels s'ajoutent deux millions de bonus, conditionnés au maintien des Gallois en Premier League, mais aussi 20 % du montant d'une éventuelle revente du joueur.

Mais le 21 janvier 2019, alors qu'il se rendait à Cardiff, son avion s'abîme dans la Manche au large de l'île de Guernesey. Il était à bord d'un avion privé, le Piper Malibu, dont le vol a été organisé par David Henderson sur demande de l'agent Willie McKay. Cardiff avait proposé un vol commercial.

La nouvelle de la disparition de l'avion de Sala arrive dans la nuit du 21 au 22. De nombreux Nantais se souviennent où ils étaient et ce qu'ils faisaient. « J'étais chez moi et je reçois un message d'une amie qui me dit : « T'as vu pour Sala ? » Et je réponds : « Oui, trop nul de le vendre à Cardiff, pile quand il commençait à être bon, Kita fait vraiment ch… » Ensuite elle me dit : « Non, mais… Il est mort. » Et je ne l'ai pas cru, donc j'ai dû aller vérifier et j'ai passé quelques heures sur Internet pour comprendre », décrit Jérôme Louis, *supporter* nantais depuis tout petit. « Moi, j'ai appris sa mort au boulot, j'ai été très choqué. Je pensais juste : "Ça n'aurait jamais dû arriver. Il voulait rester" », se souvient Max, encore troublé par le souvenir de l'annonce. Le lendemain, les associations de *supporters* organisent une veillée. Une foule considérable se rassemble place Royale. Certains croient à la possibilité qu'on le retrouve, mais les espoirs s'amenuisent au fil des recherches pour s'éteindre totalement le 4 février.

Un litige opposant le FC Nantes et Cardiff City à propos du paiement du transfert a été lancé en 2019. Le club gallois rejette la validité du contrat de transfert du joueur argentin. Deux journées d'audience devant le Tribunal arbitral du sport

(TAS) ont eu lieu début mars 2022[153]. À l'heure où nous écrivons, le TAS devrait rendre sa décision dans plusieurs semaines.

David Henderson, l'organisateur du vol a été condamné à dix-huit mois de prison le vendredi 12 novembre 2021. Il avait délégué le vol à son collègue amateur, David Ibbotson, qui ne possédait pas de licence de pilote commercial. Lors de son procès à la cour de la Couronne à Cardiff, il a été jugé pour « mise en danger de la sécurité d'un aéronef ». Il a « agi de façon imprudente », a « intentionnellement enfreint la législation [aérienne] » et « a agi en étant motivé par le profit », a déclaré le juge Foxton[154] Le procureur Martin Goudie, a estimé quant à lui que le coût du vol a été minimisé « au détriment de la sécurité ». « Il a ignoré certaines exigences [de sécurité] lorsque cela l'arrangeait, lui et ses intérêts commerciaux », a-t-il dit. Quelques semaines plus tôt, il était déclaré coupable par un jury populaire pour « mise en danger de la sécurité d'un aéronef » – il a nié ce chef d'accusation. Il avait cependant plaidé coupable en ce qui concerne le deuxième chef d'accusation – « transport d'un passager sans autorisation valide »–, passible de deux ans d'incarcération. La défense de David Henderson envisage de faire appel[155].

153. Article « Affaire du transfert d'Emiliano Sala : fin de l'audience devant le TAS », *L'Équipe*, 4 mars 2022.

154. Article « Après la condamnation du pilote David Henderson, l'affaire Sala n'est pas terminée », *L'Équipe*, 12 novembre 2021.

155. Article « Mort d'Emiliano Sala : l'organisateur du vol condamné à dix-huit mois de prison », *Libération*, 12 novembre 2021.

Après des analyses sanguines, l'AAIB (Air Accidents Investigation Branch, le bureau d'enquête britannique sur les accidents aériens) révèle dans son rapport final qu'Emiliano Sala a été empoisonné par une fuite de monoxyde de carbone, un gaz inodore et toxique. Le pilote, dont le corps n'a jamais été retrouvé, aurait « *probablement* » été victime d'un empoisonnement similaire. « Il n'y avait pas de détecteur avec un avertissement actif dans l'avion qui aurait pu alerter le pilote de la présence de monoxyde de carbone », documente ce rapport. « Il est clair d'après les symptômes que l'exposition [au monoxyde de carbone] peut réduire ou inhiber la capacité d'un pilote à piloter un avion en fonction du niveau d'exposition. »

À la suite de son décès, les avocats du Cardiff FC ont également déposé une plainte contre X à Nantes. « Nous nous basons sur des éléments tangibles, assure Antoine Vey, l'avocat de Cardiff, en particulier sur des mails envoyés par inadvertance. Dont un de Willie McKay, dans lequel il a oublié d'enlever toute la chaîne des mails précédents. Ceci nous a permis de voir que d'autres personnes, comme Baba Dramé, sont intervenues dans le transfert. Nous avons du mal à penser que tous ces intermédiaires l'ont fait bénévolement, pour l'amour du sport. » Une enquête préliminaire du parquet de Nantes est lancée après cette plainte pour des faits présumés d'« exercice illégal de l'activité d'agent sportif ». Initialement, cette plainte visait le solde de tout compte versé à la mère d'Emiliano Sala pour un montant de 16 000 euros. Ce chèque a été signé le

21 janvier 2019 et aurait été antidaté pour valider la séparation entre le joueur et le FC Nantes et donc valider le transfert. Or, avance Cardiff, le 21 janvier il était impossible de savoir que l'avion de Sala allait disparaître en mer, et donc qu'il fallait verser le solde de tout compte non pas à Emiliano Sala mais à sa mère. De même, Cardiff conteste la date de signature du contrat. Le document qui acte la séparation entre le joueur et le club du FC Nantes aurait été antidaté au 21 janvier 2019, selon l'enquête menée par les avocats de Cardiff FC. Pour résumer : Le contrat est signé le vendredi, le *week-end* passe et, le lundi, le document est enregistré ; Cardiff conteste la légalité du *process* et lance la procédure en France. « Faux », répond la Fifa, lors de son verdict en première instance, en ordonnant le paiement au FC Nantes d'une indemnité de six millions d'euros, correspondant au premier versement de la somme due dans le cadre du transfert d'Emiliano Sala. À travers cette décision, la Fifa confirme la validité du transfert. Conséquence : quand Emiliano Sala prend l'avion ce 21 janvier 2019, ce n'est plus un joueur du FC Nantes, c'est un joueur de Cardiff. « Cette plainte est une stratégie de Cardiff pour brouiller les pistes », résume Jean-Marcel Boudard. Le transfert était bien fait, mais il n'était pas enregistré auprès de la Ligue. « En revanche, conclut le journaliste, faire passer le transfert à un agent de joueurs sans licence est éthiquement discutable. » Et condamnable ?

La famille d'Emiliano Sala n'a pas voulu des Kita à ses obsèques.

Symboliquement, la tragédie Sala est – pour les *supporters* mais aussi les observateurs – plus qu'un accident d'avion. Elle est la métaphore de quinze années de gestion sportive et humaine déplorable, durant lesquelles la recherche du profit et les caprices de la famille Kita semblent avoir guidé la politique sportive et humaine du club. Les méthodes de harcèlement décrites vis-à-vis de Sala, ainsi que la politique du siège éjectable, ont été déclinées depuis son arrivée et appliquées à de nombreux salariés, *coachs* y compris.

Waldemar Kita ne porte cependant pas l'entière responsabilité de la dégradation de l'ambiance, des conditions de travail et de l'esprit du FC Nantes. Le climat au club a commencé à se dégrader avec l'évolution juridique et économique des clubs professionnels vers la fin des années 1990, qui touche l'Europe entière. Cette évolution se concrétise par le passage du statut juridique d'association à celui de société anonyme. La prise de pouvoir de Kita n'aurait fait que renforcer une tendance déjà bien engagée.

Pour beaucoup, comme pour François, un ancien salarié du club, le début de la crise au FC Nantes date en fait de 2001. Cette évolution se concrétise par le passage du statut juridique d'association à celui de société anonyme. « En 2001, on passe de l'association à la société anonyme, à l'actionnariat quoi. » analyse-t-il. Ce changement de statut est corrélé au « dégagement de Denoueix [par Dassault] ». Le club est entré dans une ère plus moderne. « Avant, on gagnait de l'argent parce qu'on gagnait des titres, et aujourd'hui si t'as pas d'argent tu gagnes pas. » C'est aussi un changement dans les mentalités des dirigeants et des futurs employés, déplore François : « Jusqu'en 2001, Il y avait un truc avec les joueurs. Je le regrette, il y avait des valeurs. »

Le licenciement de l'entraîneur de l'équipe pro du FC Nantes pendant quatre saisons (de 1997 à 2001), période durant laquelle, il remporte deux Trophées des champions, deux Coupes de France (1999 et 2000) et le titre de champion en 2001, est l'un des premiers traumatisme du peuple nantais dans cette nouvelle ère. Quelques années plus tard, Raynald Denoueix analyse son départ avec sagacité : « La dimension économique, politique et médiatique est devenue plus essentielle que le sportif. [...] Moi j'étais que dans le foot. J'avais la tête trop dans le guidon avec mes ballons et mes chasubles. Dès le départ, j'ai compris que je n'étais pas dans le projet des repreneurs[156]. »

C'est à partir de ce moment qu'une valse des entraîneurs est inaugurée puis accentuée par la reprise de Kita en 2007. Cette « valse des entraîneurs » n'est que l'arbre qui cache la forêt. L'instabilité qui secoue le FC Nantes est plus profonde et touche tous les salariés, de la lingère au *team manager*.

156. Article « Raynald Denoueix : "L'entraîneur crée un état d'esprit au service du collectif" », *La Maison Jaune*, 20 octobre 2020.

La valse des entraîneurs

Kita n'a pas racheté le club pour faire de la figuration. Il souhaite s'investir dans le sportif et entend imposer sa vision aux entraîneurs qu'il emploie. « C'est lui qui paie, donc c'est lui qui commande », dit un ancien conseiller sportif, répétant les propres paroles du « président ». Le problème, c'est que sa vision du football est pour le moins incertaine et qu'il n'hésite pas à entrer en conflit avec les entraîneurs qui remettent en cause son autorité. Le FC Nantes qui n'avait connu que cinq entraîneurs en quarante et un ans[157], est devenu depuis 2007, la risée de la presse sportive et des *supporters* d'autres clubs du fait du nombre d'entraîneurs qui se succèdent. Dix-huit entraîneurs en quinze ans, et des licenciements parfois abusifs, souvent irrationnels.

C'est l'année qui suit l'arrivée de l'homme d'affaires que le défilé commence : après avoir participé à – voire permis ? – la remontée du club en Ligue 1 à l'issue de la saison 2007-2008, Michel Der Zakarian est licencié après seulement trois journées en Ligue 1. Pendant l'été de la transition entre la Ligue 2 et la Ligue 1, Kita avait en effet confié à un parterre de journalistes locaux ses doutes sur les qualités de son entraîneur et de son adjoint : « Ce sont des gens honnêtes et travailleurs, mais je sens qu'ils ont

157. Entre 1960 et 2001 : Arribas, Vincent, Suaudeau, Blasevic, Denoueix.

une faiblesse sur le plan technique[158]. » Élie Baup, nommé entraîneur de manière inattendue, sera ensuite désigné bouc émissaire de la nouvelle descente en Ligue 2 et sera lui aussi remercié. En coulisses, Kita interfère avec les décisions du *coach*, ce qui empêche celui-ci d'exprimer pleinement sa stratégie dans un climat serein. À l'issue de cette saison difficile – la première d'une longue série – La déliquescence est soulignée par les anciens du club : Kita est déjà dans tous les esprits à défaut d'être nommé.

La saison 2008-2009 est marquée par la succession rapide de pas moins de trois entraîneurs qui parviennent toutefois à maintenir le club en Ligue 2. En 2011, Philippe Anziani sauve le club de la relégation en Nationale 1, avant d'être lui aussi remercié à la fin de la saison. Pas à une contradiction près, Kita rappelle Michel Der Zakarian en 2012, alors que son équipe enchaîne les saisons en Ligue 2. L'entraîneur, ancien défenseur central du FC Nantes, revient et fait remonter le club en Ligue 1. Il dépasse les mille jours à la tête de l'équipe première : un record sous l'ère Kita. Mais Der Zakarian, qui incarnait la stabilité, est lassé de ses relations conflictuelles avec un président qui s'immisce trop dans les vestiaires. Il ne renouvellera pas son contrat à la fin des quatre ans. Le président n'est pas reconnaissant de la longévité de l'entraîneur,

158. Article « Pourquoi Michel Der Zakarian doit envoyer Nantes en Ligue 2 », *So foot*, 23 mai 2021.

ni de la remontée en Ligue 1 qu'il a par deux fois assurée. En 2017, il déclare à propos de son nouvel entraîneur Ranieri, élu meilleur entraîneur du monde[159] : « Ne comparez pas M. Ranieri avec M. Der Zakarian [...]. Vous comparez une Mercedes avec une 2 CV. — Ce n'est pas en s'achetant une Mercedes qu'on devient un grand conducteur », rétorquera Der Zakarian, exprimant ainsi toute la tension entre deux visions du football. Sur quels critères se fonde Kita pour choisir ses entraîneurs ? Il aime les coups, les coups médiatiques. « Il veut des noms clinquants pour attirer de nouveaux investisseurs : des recrues *stars* et des *coachs* plus prestigieux », juge Camille le *supporter*.

Comme le montre l'affaire Sala, cette inconstance et ce dirigisme profane ne touchent pas seulement les entraîneurs. Instabilité sur le banc, instabilité des joueurs, inconstance partout en fait, à l'exception des cadres commerciaux.

Des choix sportifs discutables

Jérôme Alonso, le gardien du FC Nantes entre 2008 et 2010, fait une révélation étonnante dans les colonnes de *L'Équipe* : « Un jour en 2008, Kita m'appelle : "Ça va Jérôme, vous allez bien ? J'ai un rêve et vous allez m'aider à le réaliser : faire venir Pauleta à Nantes." Je lui réponds : "Mais vous

159. En janvier 2017, Claudio Ranieri est consacré « meilleur entraîneur du monde » par les « Best Fifa Football Awards ». Il est récompensé à la suite de son fabuleux parcours aux manettes du club anglais de Leicester City, arrivé en tête de la Premier League en 2015/2016.

savez que Pedro a pris sa retraite ? — Appelez-le, s'il vous plaît !" Voilà, Waldemar Kita, c'est quelqu'un qui a un cœur énorme, il veut le meilleur pour son club mais il ne connaît pas les règles du jeu. » De fait, la figure mythique du PSG, Pedro Pauleta venait tout juste de raccrocher ses crampons pour une retraite bien méritée. Cette approche singulière du jeu du mercato a trouvé un écho récent dans une affaire évoquée dans un article que le journal consacre à la question de la négociation des contrats et des transferts[160]. Une star de ligue 1 à qui le club faisait des appels du pied et qui semblait plutôt intéressé, aurait été refroidi face aux « sous-entendus du président Waldemar Kita, proposant de lui offrir en complément les services de son autre activité (agrandissement de pénis) ». Un fâcheux faux pas.

Durant le *mercato* estival 2008, Nantes fait un coup en recrutant l'international croate Ivan Klasnic. « Klasnic à 250 000 euros par mois ! C'était délirant ! » s'emporte le conseiller sportif sarcastique du FC Nantes appelé à la rescousse en 2009, au moment de la descente en Ligue 2. Puis il confie : un jour de 2009, « Waldemar rentre dans mon bureau et il me demande un avis sur un nouvel avant-centre. Je lui réponds : "Tu veux un avant-centre ? Bah, tu vas aller à Tours, là y'a un mec qui s'appelle Giroud, il ne coûte rien, mais faut mettre de l'argent sur la table pour le faire venir."

160. Article « Comment négocie-t-on les contrats et les transferts », *L'Equipe*, 10 juillet 2022.

Y'avait une clause dans le contrat de Giroud qui stipulait de donner un million si on achetait le joueur avant la fin de son contrat. Je dis à Waldemar : "Tu dois payer les un million, n'essaie pas de négocier, je lui dis." Bah, Kita a proposé trois cent mille et il a jamais eu Giroud. Là j'ai résumé Kita. Y'a des joueurs qui valent cent mille il va les acheter trois cent mille et y'a des mecs qu'en valent trois cent mille, il veut les acheter cent mille. »

Un manque de connaissance footballistique qui s'exprime à travers de nombreux transferts ou arrivées ratés.

Après une saison sans possibilité de recrutement, le clan Kita lorgne l'attaquant international israélien Itay Shechter, au parcours florissant sous le maillot de l'Hapoel Tel-Aviv. Le FC Nantes le récupère en prêt de six mois avec option d'achat de deux ans au *mercato* d'hiver 2014. Le « joli coup » à 1,5 million d'euros partira plus tôt que prévu, au bout d'un an, vingt-huit apparitions et trois buts. Les exemples sont légion. Présenté comme le Ben Arfa belge par la presse et le clan Kita, Yassine El Ghanassy était appelé à devenir un des prochains cadres des Diables rouges. Mauvaise pioche pour Kita : le Belgo-marocain n'aura joué que vingt-deux matches et marqué… aucun but.

Anthony Limbombe est à cette date l'un des derniers martyrs de cet amateurisme. Acheté au FC Bruges pour huit millions d'euros au *mercato* estival 2018, plus gros transfert de l'histoire du club, le Belge n'a plus joué depuis 2020 et aura foulé la pelouse nantaise seulement trente-huit fois en quatre ans. Miné moralement, il a même été sommé d'aller s'entraîner avec l'équipe réserve, avant de demander juridiquement sa réintégration et par la même occasion, une rupture à l'amiable de son contrat. Lui qui avait même eu sa première sélection en match amical avec les Diables rouges en 2018, il ne peut désormais que regretter son choix de transfert. Payé sans jouer 1,5 million par an pendant deux ans, il a aussi constitué un bel échec financier.

Le *mercato* occupe quotidiennement la famille Kita, notamment Franck. Ils dépensent sans compter pour les nouvelles recrues, mais ont du mal à envisager l'évolution des joueurs au sein du club. « Kita n'est pas patient quand il n'y a pas de résultats. Il fait jouer des joueurs qui ne sont pas faits pour être ensemble. Pourtant, individuellement, au cas par cas, ils sont intelligents, joueurs comme techniciens », dit François l'ex-salarié. S'il semble délaisser rapidement ses nouveaux jouets, le clan Kita délaisse également de manière structurelle l'opérationnel, créant un sous-effectif permanent qui entrave non seulement le fonctionnement du club mais également les bonnes conditions de travail du personnel.

Le FC Nantes à l'ère Kita, une machine à broyer ?

Recueillir les témoignages des personnels sur leurs conditions de travail, ou tout simplement évoquer ce sujet avec des partenaires – agents de joueurs, fournisseurs, prestataires, etc., n'a pas été chose aisée. « *Omerta* », « climat de peur » : l'ambiance au sein du club relève presque du secret d'État.

Rares sont ceux qui ont accepté l'échange. Certains, qui dans un premier temps ont souhaité parler, ont ensuite tout simplement décliné les rencontres. Nous avons interrogé à propos de « ce climat de peur » une grande centrale syndicale ayant eu quelques délégués parmi les administratifs : « On a sollicité les gens mais personne ne veut parler… En tout cas, c'est les échos qu'on a eus », confirme une responsable. Une autre partie des personnes sollicitées a évoqué un « droit de réserve », renforcé parfois par des « je dois tout à Kita » ou bien « il met l'argent, il fait le taf ». Un homme d'affaires et agent de joueurs réputé pour avoir eu maille à partir avec l'équipe en place parle « d'affaires privées » qui ne regardent que lui et Kita, et dit être l'adversaire « de la polémique et du dénigrement ».

Commençons donc par le nerf de la guerre : l'argent. Prêts à investir des sommes extrêmement importantes pour attirer des joueurs « bling-bling », les Kita sont aussi connus pour ne pas dépenser à la hauteur des besoins d'un point de vue organisationnel ce qui a des conséquences déplorables sur les conditions de travail des salariés.

« Kita aujourd'hui cherche tous les moyens pour économiser. Il ne veut pas embaucher », dit Jean, un ex-salarié. « Ils sont très radins avec les petites mains, mais pas avec les cadres. » Même sur des postes aussi importants que les relations avec la presse, les responsabilités sont mouvantes. Les Kita engagent le personnel sur une fiche de poste, mais cette fiche de poste ne correspond pas à la réalité des fonctions assumées, dit-on dans les couloirs de la Jonelière. En 2007, Jean reconnaît avoir bien accueilli l'arrivée de Kita, mais il s'est vite ravisé, préférant aujourd'hui un « Dassault qui ne prétendait pas savoir ce que c'était le foot, mais au moins il avait de l'argent [NDA : pour l'opérationnel]. »

Le recours aux contrats précaires, alternants et stages, notamment, n'est pas érigé en norme, mais est bien pratique pour faire effectuer le travail d'un salarié à moindres frais comme l'illustrent les cas de deux jeunes hommes.

Julien[161] en est convaincu, il a fait une « très bonne session d'alternance » dans un service administratif : « En un an, j'étais reconnu dans mon travail, on m'avait promis un contrat, puis arrivé au bout de l'année d'alternance, quand j'ai demandé comment ça allait se transformer, on ne m'a plus jamais répondu. »

« Y'a eu tellement de pression et de souffrance qu'il y a des arrêts de travail », confie un employé. Depuis quinze ans, à notre connaissance, aucun procès n'a été gagné aux prud'hommes par le FC Nantes. D'ailleurs, dans le budget, la ligne réservée pour « frais divers » est destinée « aux prud'hommes », dit-on à la Jonelière.

Cette absence d'investissement financier et de probité dans tout ce qui ne relève pas du sportif est accompagnée d'un

161. Entretien. Le prénom a été changé.

désintérêt assumé vis-à-vis des salariés, des petits fournisseurs et de certains partenaires.

Ce désintérêt est d'abord illustré par l'éloignement géographique. Waldemar Kita, qui passe la plupart de son temps entre ses bureaux parisiens, « son ambassade-vitrine du 44, rue Paul-Valéry[162] », et ses voyages d'affaires, a délégué la gestion au jour le jour du club à son fils, Franck. Or, celui-ci, pourtant titulaire d'un diplôme américain de *management*, ne semble pas passionné par cette tâche d'après les témoignages. Plus les années passent, plus Franck disparaît. « Il se fait ressentir un problème de gouvernance dans le club, on a besoin de dirigeants qui dirigent et nos dirigeants sont à Paris » s'alarme François. C'est d'ailleurs à Paris que se signent les plus gros contrats de joueurs. C'est aussi à Paris que d'autres grands rendez-vous pour l'avenir du club ont eu lieu et auront lieu encore. Loin des yeux, loin du cœur dit le dicton qui semble se confirmer ici, puisque l'éloignement géographique est doublé d'une très mauvaise communication entre les différents bureaux. « Les liens avec les bureaux parisiens sont inexistants, se lamente François, ça avait commencé bien avant le Covid. » Julien affirme : « Tout le monde se déteste entre les pôles, surtout entre Paris et la Jonelière. »

Franck semble faire preuve d'un mépris parisianiste envers la capitale des Pays de la Loire, qu'il n'hésite pas à exprimer

162. Article « Football : la vitrine du FC Nantes à Paris est une ambassade », *Ouest-France*, 5 février 2009.

quand il doit se déplacer dans la ville du club de son père. « Je vais chez les bouseux » ou « chez les gros beaufs » aurait-il dit selon différents témoignages concordants.

Pour passer moins de temps à Nantes, il a lui-même délégué la gestion du club à certains cadres qui ont les mains libres pour gérer à leur guise – et parfois de manière autoritaire ou chaotique – les autres personnels.

Une responsable RH, par exemple, a organisé – pour améliorer l'ambiance interne – une enquête sur les conditions de travail et les relations interpersonnelles, en recueillant les témoignages des membres du *staff*. Mais elle a ensuite laissé fuiter ces témoignages, en laissant entendre qu'il y avait des « mecs qui balançaient alors qu'ils n'auraient pas dû » déplore un salarié. En donnant du grain à moudre aux cadres, cette responsable a permis de renforcer les tensions internes et, sans doute, les souffrances psychologiques des salariés. Cette anecdote pourrait expliquer pourquoi, pour cette partie de l'enquête, nous nous sommes heurtés à « un mur du silence » de la part des personnels du FC Nantes.

La chefferie n'hésite pas à écarter les salariés qui dérangent, faisant fi de leur ancienneté et de leur expérience. Un jeune responsable de la sécurité et de la coopération avec la police les soirs de matches a ainsi été récemment limogé, sous prétexte qu'il était trop proche de la Brigade Loire. Ce remerciement choque un représentant des *supporters* pour qui l'officier de liaison « n'a jamais rien fait d'illégal, il ne nous a jamais apporté aucune aide ni par rapport aux banderoles ni aux fumigènes, rien. Je dirais même que son licenciement est irresponsable par rapport à ce qu'il se passe actuellement. »

Pour illustrer le sous-investissement dans l'organisationnel et la différence de traitement entre « Parisiens bling-bling » et Nantais, on peut aussi citer les prestataires et les petits fournisseurs, « qui doivent attendre sept ou huit mois avant d'être payés », confie l'un d'entre eux. Les petits fournisseurs nantais eux aussi « peuvent crever », ajoute un ex-partenaire en affaires du FC Nantes. « Mais on règle très vite les fournisseurs parisiens quand Franck a une ardoise. »

Un environnement sexiste

Waldemar Kita, familier du monde de la chirurgie esthétique et de la cosmétique, évoque souvent ce sujet afin de rappeler à l'ordre esthétique les femmes qu'il emploie. Aux jeunes femmes il dit ainsi : « Vous avez la poitrine de votre jeunesse mais un jour vous aurez besoin d'un bon chirurgien », se rappelle un ancien salarié du FC Nantes. Tandis qu'aux plus âgées, il se permet d'assener en fixant ses yeux sur leurs rides : « Je connais un bon chirurgien à Nantes qui peut faire des injections de mes produits[163]. »

---

163. Article « "Sois belle et tais-toi" : des hôtesses d'accueil racontent les coulisses de leur job », *France 24*, 11 février 2019.
Article « Hôtesses : "J'ai eu l'impression d'être déshumanisée, transformée en poupée du client" », *Libération*, 15 août 2019.

Cette atmosphère de contrôle du corps des femmes à travers un sexisme décomplexé se retrouve dans l'environnement feutré des loges VIP où de jeunes femmes servent de l'alcool à volonté aux partenaires d'affaires et autres invités du club. Les hôtesses, employées d'une agence sous-traitante et figures essentielles des dynamiques de représentations qui se jouent dans ces lieux de pouvoir, en font comme souvent les frais. Les exigences du client FC Nantes à l'égard de l'agence sont ainsi décrites comme étant assez strictes : profils types établis notamment à partir des mensurations (demandées sous prétexte des prêts de l'uniforme), uniforme impliquant le port obligatoire de la jupe, rouge à lèvres « pétant »… En hiver, alors qu'à l'extérieur tout le monde est en doudoune et bonnet, les hôtesses doivent porter des collants couleur chair. Le privilège de pouvoir s'asseoir n'a été obtenu que parce qu'il relève du droit du travail le plus élémentaire : « On râlait avec d'autres filles. Au départ, on avait interdiction de s'asseoir. Mais c'*était illégal* » se remémore Louise, ancienne hôtesse[164].

La cinquantaine d'hôtesses présente à chaque match, dont quelques-unes sont attitrées à l'année à une loge, doit s'en tenir à une certaine idée de la féminité, disponible et désirable, tout en prenant bien soin de poser des limites au comportement des invités, dont elles sont tenues responsables : sous prétexte de les protéger, on leur conseille

164. Entretien. Le prénom a été changé.

de refuser les pourboires et on peut leur rappeler : « Hé, les filles ! Vous êtes des hôtesses, pas des escorts ! » Une frontière toutefois régulièrement mise à mal, par certains clients insistants. Si « en général les gens étaient très corrects », nuance l'une d'elles, les remarques sexistes et autres blagues graveleuses s'échangent à leur propos : « Moi, j'avais mon badge avec mon prénom et en "formation". Je me suis pris plein de blagues du style "je te trouve bien formée" », déclare par exemple Louise. L'objectivation des hôtesses dépasse parfois le stade des propos : « On se tape plein d'agressions sexuelles », témoigne la jeune femme qui se souvient avoir eu la peur de sa vie quand elle s'est « fait suivre dans les escaliers par un client ». Louise juge que cet univers où l'argent et l'alcool coulent à flots « est le temple du sexisme assumé ». Alex l'ancien collaborateur du FC Nantes se souvient quant à lui de comportements scabreux « dans les loges les soirs de matches » et d'avoir vu « un client glisser un billet dans la main d'un responsable » et lui réclamer une hôtesse particulière « pour toute la saison ». Une historique confirme.

Bérénice, une autre hôtesse d'environ 25 ans, a travaillé plusieurs années dans les loges du FC Nantes et se souvient « qu'on banalisait » ces comportements. Avec le recul, elle trouve « abusé » d'avoir été « lâchée comme ça » dans cet univers. « Moi ça va, j'étais la plus vieille, mais j'ai travaillé avec des petites de 18 ans… », précise-t-elle. Toutes les hôtesses ont une histoire. La plupart des anciennes hôtesses interrogées parlent de « mains aux fesses ». Bérénice se souvient s'être énervée la seule fois ou cela s'est produit contre elle. « Je suis allée voir ma *boss*. Elle n'a rien fait. Elle m'a dit de retourner au travail. Ça devait être un client important. » Jeanne[165] une autre ancienne hôtesse, confirme ce climat de boys club et avoir été témoin « de mauvais comportements de clients », mais « on savait très bien que faire remonter ne servait à rien. » Emma[166] toujours hôtesse et « très heureuse de faire ce travail » reconnaît avoir mis des stratégies en place pour éviter les « altercations » : « Par exemple, on va à deux aux toilettes. »

Face à ces situations, une ancienne hôtesse reconnaît « trop de familiarités [...] et de petites mains baladeuses, c'est certain », puis avoir eu vent de changement d'« hôtesse de loge quand ça marchait plus », mais elle ne se souvient pas d'hôtesses en détresse ayant claqué la porte pour ne plus revenir. De fait, Bérénice répond, résignée : « On était de petites jeunes, on avait besoin de ce travail. » Cela rejoint les dires de cette historique dont le FC Nantes est l'un des plus gros clients : « l'agence faisait des comptes rendus au FC Nantes à la fin de chaque match, et notait un paragraphe sur ces incidents, mais rien ne changeait », résume-t-elle. « Les fins de matches, c'était compliqué d'en

165. Entretien. Le prénom a été changé.
166. Entretien. Le prénom a été changé.

faire partir certains », se souvient-elle. « C'est sûr qu'on avait moins de problèmes avec eux quand ils venaient avec leurs épouses », ironise-t-elle pour conclure. La direction de l'agence n'a pas souhaité répondre à nos questions.

Dans ce climat pesant, aucun témoignage recueilli ne touche directement le président du FC Nantes. Petite anecdote cependant, révélatrice d'un certain esprit du personnage : Dans un temple du haut de gamme où l'on déguste des mignardises arrosées de champagne, « Kita avait une habitude » raconte Louise : sous couvert d'être un homme simple « il demandait des sandwiches jambon-beurre. » *Casse-dalle* on ne peut plus simple mais non inscrit au menu, et qu'il revenait donc aux hôtesses de préparer. Le jambon-beurre, marque d'humilité, affiliation revendiquée à une identité française et populaire ou volonté de jouir d'un traitement de faveur présidentiel ?

La perte de sens

L'exception nantaise n'existe plus. « Il y a vingt-cinq, trente ans, joueurs et administratifs se connaissaient », se lamente François, l'ancien salarié. « Pour moi c'était une fierté de travailler au FC Nantes. » Il sourit mais son visage s'assombrit lorsqu'il évoque ses souvenirs récents : « Maintenant, si tu travailles au FC Nantes, tu es l'objet de quolibets. Tu es associé à Kita et qui dit Kita dit que tu es une catastrophe. C'est dommage, les gens du club travaillent pour l'institution. »

Pour de nombreuses et nombreux salariés, la première perquisition de février 2019[167] constitue le moment marquant de cette perte de sens au travail. « Imagine, un matin, t'arrives à 9 heures, comme tous les matins et là t'as un flic qu'est à ton bureau, qui fouille ton ordi et qui te dit : "Faut pas rester là, rentrez chez vous." Tu rentres chez toi, le lendemain tu reviens, y'a plus rien à ton poste », justifie Alex comme pour confirmer des défections « qui n'ont rien à voir avec le Covid ». Sous l'ère Kita, le FC Nantes a connu trois perquisitions[168].

Ce malaise chronique entre chevilles ouvrières, cadres du personnel, direction et même *supporters* se matérialise parfaitement dans ce fameux week-end de victoire de la Coupe de France qui aurait dû, comme le demandait Kita, rendre tout le monde « content ». Le samedi soir, moment de liesse collective, Kita organise une soirée pour… son anniversaire, à l'Arc une discothèque huppée de Paris, connue pour y attirer des *stars* de la télé-réalité et du petit écran. Il y convie les *sponsors*, les cadres du personnel, mais ni les représentants de *supporters*, comme on peut le voir dans d'autres clubs, ni les

167. Article « FC Nantes : des perquisitions au FCN, les affaires du président Kita dans le collimateur », *20 Minutes*, 19 février 2019.

168. Article « Les perquisitions au FC Nantes en lien avec des transferts de joueurs ? », *Ouest-France*, 8 décembre 2020.

Article « FC Nantes : trois responsables du club, proches du président Kita, placés en garde à vue dans le cadre d'une enquête sur des transferts de joueurs », *Presse Océan*, 11 mai 2022.

salariés « non-cadres », qui ont repris le train à Montparnasse le soir même. Avant de partir faire la fête avec ses amis, vraisemblablement, il envoie un mail à tout le club pour convier employés et *supporters* à une autre fête de victoire, le lendemain à Nantes, à laquelle très peu de salariés se sont rendus. « Ils n'ont plus envie de cautionner ce système et savent bien que la chefferie a envoyé le mail à l'arrache », confie une source. Même « la liesse, la victoire, il ne sait pas la gérer », continue-t-elle. Mais est-ce que les salariés se seraient déplacés à cette soirée ? « Depuis longtemps maintenant, les salariés ne viennent plus aux événements *corporates* organisés par les Kita. Avant on venait par courtoisie, maintenant, on ne fait même plus semblant », soupire Jean.

En fait, « ce qu'il se passe avec les Kita au sein du club, c'est la même fracture sociétale avec le peuple nantais, avec la mairie, etc. », constate Alex. Triste climat, pour qui pense à regret, comme François, que « le sport, c'est censé rendre heureux ».

Chapitre 7

Un homme pressé

La compagnie aérienne : VallJet

D'ordinaire, lorsque Kita se lance dans une entreprise, c'est pour faire de l'argent. Les patrons de petites compagnies aériennes n'en gagnent pas mais cela reste tout de même toujours plus intéressant financièrement et symboliquement d'avoir une compagnie qu'un avion. Avoir son propre *jet* privé n'aura donc pas suffi à Kita qui créera avec un associé, sa propre compagnie aérienne. Explication.

C'est en 2003 que Waldemar Kita acquiert son *jet* privé. Si avoir son propre avion constitue une garantie pour les millionnaires qui souhaitent, par exemple, emprunter à une banque, c'est aussi un symbole « de puissance souveraine », assure Daniel, un propriétaire de compagnie aérienne basée à Dubaï, qui ne connaît pas Kita. « Avec un avion, tu t'affranchis de plein de délais et de contraintes. Tu deviens maître du temps[169] », ce qui est plus avantageux pour optimiser ses voyages d'homme d'affaires. Mais posséder son propre appareil crée aussi des tas de problèmes de maintenance et de disponibilité. C'est aussi le cas, *a fortiori*, d'une compagnie aérienne. « En fait, on ne peut pas gagner d'argent quand on possède une petite flotte d'avions, en tout cas pas de façon louche », assure Daniel. L'aviation est en effet l'un des secteurs les plus coûteux au monde, et sans doute le plus « sanctuarisé », car cette industrie touche à la sûreté, la sécurité et la souveraineté. « Il n'y a pas d'attribution politique ou préférentielle, poursuit l'avionneur, obtenir un certificat de transporteur aérien peut nécessiter d'un à trois ans. » Mais le fait de posséder une compagnie aérienne a des avantages, en dépit du manque à gagner. « Quand tu es propriétaire d'une flotte, assume Daniel, tu peux rendre d'énormes services ! Ça remplace des dépenses de communication et de *lobbying*. »

En 2007, le président du FC Nantes rencontre Jean Valli, un industriel du papier qui rencontre les mêmes problématiques que lui sur ce sujet. L'idée est alors de créer une compagnie aérienne en commun pour minimiser les coûts et maximiser les profits, et sans doute aussi les avantages. Kita et Valli deviennent propriétaires, avec un troisième associé, de « trente appareils pour un chiffre d'affaires de 63 millions d'euros en 2021[170] ».

---

169. Entretien.
170. Article « Jean Valli, le nouveau baron des *jets* privés », *Paris Match*, du 5 au 11 mai 2022.

Comme un club de foot, l'acquisition et l'entretien d'une compagnie aérienne coûte cher, et ne rapporte pas d'argent, en tout cas pas immédiatement. Mais, comme pour un club de foot, le gain que rapporte l'aviation dépasse sa simple valeur financière : il est à chercher dans le symbole. L'acquisition de cette compagnie aérienne nous dit-elle beaucoup sur le rapport de Kita au prestige et nous éclaire-t-elle sur son choix de rester au FC Nantes malgré toutes les difficultés ? Nous le pensons. Il serait toutefois faux de conclure que c'est la seule recherche du prestige qui anime Waldemar Kita. L'acquisition d'un club de foot et d'une compagnie aérienne permettent sûrement à Kita d'assurer une certaine visibilité pour ses entreprises de cosmétique et d'esthétique, et constituent, de cette façon, un investissement avec un profit différé.

Pendant les affaires, encore des affaires

L'année 2016 marque pour Kita le début des embrouilles, qui volent toujours en escadrilles.

Alors que les Panama Papers mettent en cause des milliers de chefs d'État, milliardaires, grands noms du sport ou célébrités, *Le Monde* révèle que Waldemar Kita – entre autres – est propriétaire de la société Dylan Limited aux îles Vierges britanniques. Cette société *offshore* possède un *yacht* :

le *K. Grace* estimé à 2,5 millions d'euros[171]. Kita a toujours nié catégoriquement être l'actionnaire de cette société : « Des Kita, j'en ai trouvé plein. C'est un nom très connu en Asie, où il y a des Waldemar Kita, mais ils sont noirs, ils ne sont pas blancs », assure-t-il au *Monde*. Tous les Waldemar Kita n'ont cependant pas une résidence à Uccle, comme celui qui est cité dans les Panama Papers, et tous les Waldemar Kita ne sont pas comme lui présidents de la holding Flava Group, qui détient le FC Nantes[172].

Le *yacht* de Valdemar Kita, selon les révélations de *L'Équipe*, aurait été saisi par la justice dans le cadre d'une procédure pénale, et, avant une éventuelle condamnation cette saisie aurait été réalisée pour sécuriser la preuve de l'infraction, autrement dit comme pièce à conviction. En cas de condamnation, cette saisie pourrait également se transformer en confiscation[173].

Au même moment, en octobre 2017, une enquête préliminaire est lancée par le parquet national financier (PNF) à l'encontre de l'homme d'affaires concernant une autre fraude présumée. Selon *Mediapart*, *Mediacités* et ses partenaires belges, *Le Soir* et *De Standaard*, Waldemar Kita est alors visé par la justice pour « fraude fiscale aggravée » et « blanchiment ». Cette enquête

171. Article « Panama Papers : Waldemar Kita, propriétaire du FC Nantes et d'une société aux îles Vierges britanniques », *Le Monde*, 7 avril 2016.

172. *Ibid.*

173. Article « Le yacht de Waldemar Kita (Nantes) aurait été saisi par la justice », *L'Equipe*, 13 juin 2020

distincte des Panama Papers serait liée, non pas à son *yacht*, mais à l'« oubli » de régler son ISF. Selon les documents issus du dossier judiciaire que nos confrères du *consortium* se sont procurés, Waldemar Kita est poursuivi pour « avoir éludé 14,8 millions d'euros d'impôt sur la fortune (ISF) grâce à une résidence fiscale en Belgique dont la justice estime qu'elle est fictive ». L'affaire semble ingénieuse.

Avant la vente de Corneal, le couple Kita s'est domicilié fiscalement en Belgique où les plus-values ne sont pas taxées. Dans l'enquête de Médiapart, un ancien collaborateur de Waldemar Kita soutient que son ex-patron aurait ainsi touché sa part de la vente, soit 130,8 millions d'euros, sans payer d'impôts. « Il a voulu s'affranchir d'un assujettissement à l'ISF et de l'impôt sur les plus-values en France[174]», confie-t-il au journal. Grâce à cette vente plein pot, Kita se serait offert le FC Nantes, mais aussi le *yacht*, estimé à 2,5 millions d'euros, ainsi qu'un *jet* privé – un Cessna Citation II au prix catalogue de 3,7 millions d'euros. De surcroît, il a investi dans la pierre parisienne : il a acheté un appartement à Paris (avenue Hoche) pour 6,4 millions d'euros et un autre pour son fils, avenue Montaigne, pour 4 millions d'euros. Il a également acheté des bureaux à Paris dans le XVIe arrondissement pour son entreprise Vivacy.

Le 19 février 2019, les policiers de la brigade nationale de répression de la délinquance fiscale (BNRDF) perquisitionnent

174. Article « Le cache-cash fiscal du président du FC Nantes », *Mediapart*, 17 décembre 2020.

simultanément le FC Nantes, les bureaux et les domiciles parisiens de Waldemar et de son fils, Franck. Durant la perquisition à leur domicile avenue Hoche, « les époux Kita étaient tous deux présents à cette adresse, qui semblait constituer leur domicile principal », selon Mediapart. Le journal avance cependant être en possession d'un document judiciaire indiquant qu'il ne s'agit pas de la résidence officielle des Kita, censée se trouver en Belgique, comme l'indique leur domiciliation fiscale. En parallèle, la police belge perquisitionnait cette résidence, située à Uccle, dans la banlieue de Bruxelles. Or, ni Kita ni son épouse ne s'y trouvaient mais un autre individu dont l'identité n'a pas été dévoilée, et qui, selon nos informations, « possédait des armes cachées dans la maison ». De nombreux éléments rassemblés par le PNF prouveraient que les Kita n'habitent en réalité pas en Belgique. « L'analyse de leur "téléphonie", leurs "dépenses", leurs "factures", leurs "remboursements de santé" et leurs "voyages en *jet* privé" » montreraient selon *Mediapart* que le couple passe ainsi plus de temps en France qu'en Belgique , alors que selon la loi, il faut plus de six mois de résidence en Belgique pour prétendre y être officiellement résident.

Selon les informations que nous nous sommes procurées, Madame Kita était astreinte au domicile belge, par son mari. Elle aurait donc dû se trouver à ce domicile lors de la perquisition. Mais elle n'aurait pas supporté l'éloignement conjugal, et ce désaccord familial aurait donc eu raison du manège fiscal. Le fisc a établi les préjudices pour l'État français en raison de l'omission de cette déclaration du patrimoine en France à 14,8 millions d'euros d'ISF (porté sur l'ensemble du patrimoine). En plus du *yacht* saisi à la suite des révélations des Panama Papers, sa résidence principale effective, avenue Hoche, a été quant à elle saisie dans le cadre de cette deuxième affaire.

En parallèle de cette histoire de société offshore et de soupçon de fraude à l'ISF, l'enquête du PNF s'intéresse également aux revenus de Waldemar Kita. L'impôt sur le revenu, au contraire de l'ISF qui porte sur le patrimoine, cible l'ensemble des revenus (salaires, revenus financiers, loyers perçus…). La résidence fiscale belge de Kita lui aurait permis, une nouvelle fois, de ne pas payer d'impôt sur le revenu en France. Or, l'homme d'affaires a été rémunéré entre 2010 et 2019 d'au minimum 70 millions d'euros au Luxembourg, argent perçu grâce aux activités de sa deuxième entreprise, Vivacy.

En effet, en 2010, l'entreprise haut-savoyarde passe sous le contrôle d'une *holding* domiciliée au Luxembourg : V Plus. Ce n'est pas Kita qui est actionnaire majoritaire mais un autre homme d'affaires du nom de Jurg Kundert possédant 67 % des parts. En 2015, Kita devient officiellement actionnaire de V Plus, par le biais d'une société Dylan basée elle aussi au Luxembourg (elle porte presque le même nom que la société *offshore* qui possède le fameux *yacht*).

D'après nos confrères d'un *consortium* d'enquêteurs issus de Mediapart, de Mediacités et de deux journaux belges, Kita aurait reçu, dans ces années-là, plus de 20 millions d'euros de dividendes de V Plus, à travers cette société, et n'aurait payé dessus aucun impôt sur le revenu en France[175]. Mais l'histoire ne s'arrête pas là, car il aurait aussi gagné beaucoup d'argent grâce à d'autres acrobaties financières, assure le *consortium* de journalistes.

À titre d'exemple, en 2012, un fonds d'investissement français, Initiative & Finance, acquiert 37,3 % du capital de V Plus, pour un montant inconnu. En 2015, année d'entrée au capital de la société de Kita, Dylan, le fonds d'investissement Initiative & Finance revend ses parts au groupe chinois Bloomage pour 59 millions d'euros. Mais trois ans plus tard, alors que les relations se tendent avec les Chinois (voir encadré), Waldemar Kita crée une nouvelle société au Luxembourg, Valeron. Celle-ci rachète les parts des Chinois de Bloomage pour 70 millions d'euros, intégralement financés par une dette bancaire. En 2019, Valeron et Dylan, les deux sociétés de Kita, vendent 38 % de V Plus à deux fonds d'investissement texans (Bock Capital et TA Associates) pour 140 millions d'euros.

La plus-value totale de cette acrobatie financière de haut vol s'élève, une fois la dette de Valeron remboursée, à 68 millions d'euros, dont 50 millions d'euros vont directement dans la poche de Waldermar Kita. Il n'aurait payé aucun impôt en France sur cette exceptionnelle plus-value.

175. Article « FC Nantes. Waldemar Kita aurait lésé le fisc de 15 millions, selon une enquête », *Ouest-France*, 17 décembre 2020.

Les tribulations de Waldemar Kita avec les Chinois

En 2015, les Chinois de Bloomage Biotechnology et Kita « ont eu maille à partir, dans un grand hôtel parisien », raconte un témoin de la scène. La raison : quelques mois auparavant, Kita a vendu à cette société chinoise, spécialisée dans l'industrie de l'acide hyaluronique, des parts de sa société Vivacy. Ces parts leur ouvraient les droits d'utiliser un nouveau composant esthétique prometteur mis au point par Vivacy et prétendument disponible dans les six mois[176]. Selon nos informations, Kita savait qu'il fallait encore cinq ans pour développer ce composant. « Kita leur a dissimulé la vérité, il savait que la technologie n'était pas prête », confie une source du secteur[177]. Après sa petite enquête parallèle, Bloomage découvre que le composant promis n'existe pas encore. En colère, les Chinois demandent à se faire rembourser leurs parts, mais Kita « avait déjà tout dépensé en transferts de joueurs », poursuit cette source. « Mais on ne profite pas de l'appétit des Chinois impunément » s'amuse une autre source française qui connait bien le marché asiatique. Dès lors, explique ce professionnel du secteur, les Chinois menacent Kita d'engager des poursuites judiciaires, ce que Kita veut éviter à tout prix car « il déteste l'idée des tribunaux et que ça fasse du bruit ». Il s'affaire donc à trouver des financements en frappant à de nombreuses portes et cherche de nouveaux contributeurs. Cependant, « sa méthode de travail le bloque, plus personne ne veut le financer » poursuit la source, il n'est

176. Communiqué de presse « *Bloomage has acquired Vivacy. Blomage was advised by Michel Dyens & Co* », Paris, 2015.
177. Entretien.

plus fiable aux yeux des investisseurs. « Il ne reste plus qu'à trouver une solution ailleurs et, si possible, au-dessus de tout soupçon. » Il n'y parviendra pas. Cela expliquerait-il qu'il ait créé une nouvelle société, Valeron, financée par des dettes afin de rembourser au plus vite les Chinois ? Il se tourne alors vers les fonds d'investissement Bock Capital, basés au Luxembourg et les Américains de TA Associates, basés aux Etats-Unis. En élargissant géographiquement ses capacités à être financé, Kita s'expose ainsi à davantage de dangers et aurait fini par trouver de nouveaux compagnons de route à la « réputation » très discutée. Un ancien ami de Waldemar Kita raconte que l'homme d'affaires « a fait l'objet de menaces physiques » pendant cette période. « Dès lors, explique cet ami, Kita a voulu une Mercedes blindée mais, après un test sur autoroute, il a vu que ça ne roulait pas assez vite. » À la même époque, en 2015-2016, la tension entre Kita et des supporters est à son comble et aurait servi de prétexte à l'embauche de gardes du corps pour le protéger. Affirmation douteuse pour cet ami qui révèle qu'« en réalité au même moment il recevait des menaces de créanciers. Il était terrifié. »

Le YelloPark

Contrairement aux terres alpines et particulièrement haut-savoyardes où Kita a su réseauter intelligemment et développer ses activités, le territoire ligérien est définitivement une terre de mission pour l'homme d'affaires. En quinze ans de présence à Nantes, il n'a rien pu (ou su ?) bâtir, hormis la « citadelle FC Nantes ». Pas faute d'avoir essayé.

« Ce projet YelloPark, je le redis, n'est pas un caprice personnel mais une véritable stratégie afin de donner un outil prestigieux au club et surtout aux *supporters*[178] ! » En juin 2018, Waldemar Kita est sur le point d'accomplir son rêve de longue date à la tête du FC Nantes : construire son propre stade.

Dès 2007, l'homme d'affaires se démenait en coulisse pour voir émerger sa nouvelle enceinte. La mairie de l'époque, sous le dernier mandat de Jean-Marc Ayrault courant jusqu'en 2012, lui opposait alors une fin de non-recevoir. Un bras de fer qui se conclut par une saisine par Kita du tribunal administratif avec pour objectif d'obtenir le remboursement de 2,1 millions d'euros dépensés dans des travaux au stade de la Beaujoire appartenant à la Ville. Pourquoi dès le départ, Kita et l'hôtel de ville ne semblent-ils pas sur la même longueur d'onde concernant ce projet ? « Tout simplement car à chaque fois, Waldemar Kita n'a jamais réussi à créer les conditions pour que ses projets aboutissent », certifie Pascal Bolo, longtemps bras droit de Jean Marc Ayrault, et aujourd'hui adjoint aux finances de Johanna Rolland. « Pendant des années, il a fait des demandes inaccessibles soit pour des raisons financières, soit pour des questions juridiques. »

178. Article « YelloPark. Waldemar Kita : "Je veux faire ce stade pour Nantes" », *Ouest-France*, 27 juin 2018.

En 2018, dix années plus tard, bien que Johanna Rolland, successeure de Jean-Marc Ayrault à la mairie de Nantes, ait fait campagne en 2014 contre la construction de ce nouveau stade, la donne a changé. « Je veux faire ce stade pour Nantes. Et la ville a raison de ne pas vouloir y mettre un centime : elle a deux entrepreneurs, Yoann Joubert et moi-même, qui sommes prêts à prendre les risques. Cela va apporter une dynamique, des emplois, des recettes d'impôts… Pourquoi être contre ? » clame Waldemar Kita lors d'une interview accordée en 2017 à *Presse Océan*.

Pourquoi un nouveau stade ?

À écouter Waldemar Kita, la construction de ce nouveau stade ne pouvait que séduire. Pourtant, de nombreuses voix d'associations de *supporters*, de voisins, de commerçants et d'élus se sont opposées à lui… avant l'abandon final du projet en février 2019. Pourquoi un tel échec ? Comment ce qui aurait dû apparaître comme une empreinte majeure dans le paysage nantais semble refléter tout l'air brassé par Kita depuis son arrivée au club ?

À l'initiative de ce projet, il y a le Football Club de Nantes détenu par le « Président Kita » et le groupe Réalités fondé par Yoann Choin-Joubert et Christophe de Brébisson. Ces deux entités créent YelloPark, une société commune à parts égales pour construire un stade qui aurait dû remplacer la Beaujoire. Un stade flambant neuf de 40 000 places, aux normes UEFA 4, équipé d'un toit rétractable et d'un écran géant,

2 000 logements et 50 000 m^2 de bureaux. Tout cela sans demander un centime d'argent public si l'on en croit les deux hommes d'affaires. La création d'un stade privé aurait constitué une rupture idéologique importante, autant pour la ville de Nantes que pour le FC Nantes. Pourquoi ? Les deux ont toujours été liés au stade Marcel Saupin et ensuite à la Beaujoire, propriété de la ville puis de la Métropole, alors que le concept de stade privé est très peu répandu en France[179]. Si Jean-Marc Ayrault avait toujours été réticent à ce projet, ce n'est pas le cas de Johanna Rolland, la nouvelle maire et présidente de Nantes Métropole, qui lui apporte son soutien. « C'était pas dans notre programme il est vrai. C'est une opportunité qui se présentait. On se retrouve avec des difficultés car la Beaujoire n'est plus adaptée. Si on veut se retrouver dans le top, on doit prendre le risque de faire », ajoute l'adjoint aux finances.

On est le 19 septembre 2017, Waldemar Kita, Yoann Choin-Joubert et Johanna Rolland se réunissent au CCO au pied de la tour Bretagne devant les médias[180]. Au cours de cette conférence de presse ponctuée par le surprenant baise-main de Waldemar Kita à la maire de Nantes, le président du FC Nantes s'extasie devant le projet phare : « Ça sera le plus beau stade, le plus joli, le plus moderne et le plus beau projet de France. J'en suis

179. Camille Peduzzi, « Construire un stade à Nantes. Un exemple inédit d'urbanisme nantais », Mémoire pour l'obtention du grade de M2 en sciences politiques, faculté de droit et de science politique de l'université de Nantes, 2018, p. 33.
180. Conférence de presse YelloPark à Nantes, 19 septembre 2017.

convaincu. » À l'époque, l'alliance tripartite paraît soudée. Si bien soudée qu'on retrouve le trio au MIPIM de Cannes en 2018[181]. Ce salon de l'immobilier offre encore un moment de sexisme ordinaire à l'auditoire avec un Waldemar Kita qualifiant Mme « le » maire de « femme qu'est pas facile à séduire[182]. » Seulement, un an après ce spectacle, les plans de la mairie et de la métropole ont changé. Les élections municipales de 2020 approchent et la maire de Nantes préfère alors revoir l'ampleur du projet. Peut-être se souvient-elle de l'un de ses prédécesseurs, Alain Chénard, maire de Nantes élu en 1977, défait lors des élections municipales de 1983, après avoir lancé le projet de construction de la Beaujoire, un an plus tôt, le 21 juin 1982. Un élément qui, selon plusieurs observateurs, lui aurait coûté sa réélection.

En janvier 2018, il y eut la piste, un temps évoqué, d'un second stade à côté de la Beaujoire. Initialement le projet mentionnait la création d'une nouvelle infrastructure en lieu et place du premier stade historique, puis, face au début de tollé, il a été décidé – et Johanna Rolland a promu cette idée – de créer un second stade jouxtant la Beaujoire, qui serait maintenue et intégrée, lieu de patrimoine et de mémoire du sport local et du FC Nantes[183].

---

181. Le Marché international des professionnels de l'immobilier.

182. https://twitter.com/KerZadarian/status/974408366951985155?t=qNiOB1SGLPJuwucw-TAKG3Q&s=09.

183. Article « FC Nantes. YelloPark hébergera le musée à la gloire des jaune et vert », *Presse-Océan*, 20 janvier 2018.

Le 9 novembre 2018, Johanna Rolland annonce publiquement qu'il n'est pas question de détruire la Beaujoire et, surtout, de réaliser le projet urbain et de logement. « Ni aujourd'hui ni demain », assure-t-elle[184]. Pour autant, elle affirme qu'il est nécessaire de construire un nouveau stade. Ainsi, à l'issue de ce bras de fer, Waldemar Kita sort gagnant (en apparence), et pour la maire Johanna Rolland, il ne restait plus alors dans « le camp des anti » que « les ultras du FC Nantes ». Mais des associations de *supporters* et de riverains ne jettent pas l'éponge pour autant. Ces dernières s'insurgent une nouvelle fois face à ce projet. « Les nouvelles enceintes font bien souvent peser des risques financiers considérables sur les clubs : explosion des charges d'exploitation, loyers exorbitants, partenariats et affluences en deçà des prévisions. […] L'émergence de nouveaux stades, et notamment de stades privés, provoque bien souvent une explosion du coût des billets et des abonnements, mais aussi un changement radical des ambiances[185]. » Or, ce que n'ont pas vu venir la maire et ses deux « partenaires », c'est que le camp des « anti » « s'étend en réalité jusque dans les couloirs de la mairie ».

---

184. Vidéo « FC Nantes : “Le projet YelloPark n'est plus”, selon Johanna Rolland en conférence de presse », *France 3 Pays de la Loire*, 9 novembre 2018.
185. Dossier « La Beaujoire, demain », brigadeloire.fr.

Quatre mois plus tard, en février 2019, revirement total : Johanna Rolland « met un terme au projet de vente d'une parcelle » au FC Nantes[186].

L'ouverture par le parquet national financier d'une enquête préliminaire visant la situation fiscale de Waldemar Kita qui « rend impossible la cession d'un terrain public à son profit[187] » est le moment décisif. Néanmoins, les résistances internes et externes ont indéniablement participé à ce retour en arrière. Le camp des « anti » aurait-il eu raison du projet ? Plus le projet avance, plus le vernis craque. Dès lors que les « anti » ont commencé à largement rassembler au-delà des *supporters*, l'ambiance globale n'est plus à la fête et le coût politique pour Rolland devient trop risqué comme le confie Pascal Bolo : « Politiquement, c'était injouable de vendre un terrain à quelqu'un qui était sous une enquête PNF. »

Waldemar Kita ne digère pas l'échec et sans doute l'humiliation : « On a travaillé deux ans sur YelloPark, on a dépensé une fortune, la mairie et la Métropole ont défendu le projet avec nous, les élus ont voté le principe de la vente du terrain. Et paf, la Métropole me lâche au dernier moment ! Mes avocats me disent que je ne peux pas laisser passer ça, il y a un préjudice financier[188]. »

186. Article « FC Nantes. Fin du stade privé : Johanna Rolland s'explique », *Ouest-France*, 25 février 2019.

187. *Ibid.*

188. Article « Enquête. Stade de Nantes : la vérité sur les comptes de YelloPark », *Ouest-France*, 17 mai 2020.

Il dépose une requête indemnitaire devant le tribunal administratif. Montant réclamé : 12 millions d'euros. L'instruction judiciaire est toujours en cours. Un préjudice estimé qui semble pourtant en décalage avec la mise de départ du duo Kita-Joubert : *Ouest-France* dévoile en mai 2020, document à l'appui, que Waldemar Kita, par le biais de sa société Flava Immobilière, n'a investi qu'à hauteur de 625 000 euros. Une somme qui s'ajoute aux 500 000 euros injectés dans le capital de la société YelloPark. Côté mairie et métropole, on réagit « avec sérénité ». « De notre point de vue, estime Pascal Bolo, il a toujours été clair qu'à tout moment le processus pouvait s'arrêter. Nous, on pense que ça ne donne pas lieu à une indemnité. »

Les résistances

Durant tout le processus, de nombreux citoyens se sont battus contre ce projet. *Supporters* du FC Nantes puis associations de riverains et commerçants du futur emplacement ont décidé de se lever, face à la « verticalité d'une décision prise entre trois acteurs, [qui] semble pour beaucoup imposée et pas véritablement modifiable, et ce malgré la concertation qui a été lancée en février 2018 », estime alors Camille Peduzzi. « D'une manière générale, précise le jeune spécialiste, c'est le manque de co-construction [NDA : c'est-à-dire le manque de réunions de toutes les parties prenantes autour de la table] qui est soulevé sur un projet qui, selon certains, en aurait mérité par son ampleur et son importance[189]. »

Autrement dit, il y a opposition sur la forme… et opposition sur le fond du fait de la rupture idéologique et un peu dirigiste de la position de Joanna Rolland, par rapport à celle moins interventionniste (en tout cas officiellement) de son prédécesseur Jean-Marc Ayrault. « Laisser un bout entier de la ville aux désirs d'investisseurs privés n'est pas traditionnel dans la politique d'aménagement à la nantaise », juge un observateur du dossier.

La Brigade Loire, l'une des associations de *supporters* à la pointe de l'opposition, confirme ce manque de dialogue et de prise en compte de différents acteurs : « Ce que les Nantais reprochent le plus à la direction du FC Nantes et à la Métropole, dans ce projet, ce n'est donc pas leur envie de faire un nouveau stade mais le fait de ne pas les avoir consultés et, surtout, de ne pas avoir souhaité coconstruire avec eux l'avenir du quartier et du stade. Les salariés et supporters du club ont été mis devant le fait accompli lors de la conférence de presse du 19 septembre 2017 [190]. » La création d'un stade 100 % privé entérinait l'idée d'une politique tarifaire « inaccessible » pour le commun des Nantais et surtout une perte d'influence politique des *supporters* sur les décideurs publics.

189. *Opus* cité.

190. Brigade Loire, « Oui à la rénovation, non au YelloPark », http://brigadeloire.fr/oui-a-la-renovation/

Dès l'annonce du lancement du projet le 17 septembre 2017, le groupe de *supporters* a proposé de nombreuses alternatives dans un dossier de cent pages. Une initiative largement ignorée et discréditée sur le fond du dossier par le trio Nantes/Joubert/Kita, alors même qu'un processus de « concertation préalable » est prévu par la loi pour des projets de cette ampleur[191]. Si cette négociation a bien été organisée, elle a été, selon les observateurs, tronquée. « Le fond [de la concertation] est critiqué car la concertation ne prend pas la peine d'étudier les alternatives, et que certains éléments clés du projet ne sont même pas soumis à la concertation[192] », explique Camille Peduzzi qui s'est rendu à ces réunions organisées par la société « YelloPark ». Pourtant, les propositions alternatives s'appuyaient sur des plans réalisés en collaboration avec le cabinet Agopyan, concepteur du stade de la Beaujoire. Rien n'y a fait : jusqu'à l'abandon du projet, il aura été impossible pour les groupes d'opposants de négocier quoi que ce soit, de la construction du nouveau stade à la rénovation de la Beaujoire.

Mais la phase la plus suspecte est sans aucun doute celle de la préparation du projet : elle parait avoir été réalisée dans une opacité stupéfiante pour un projet d'une telle ampleur[193]. Une phase marquée également par une grande précipitation des élus. Pour preuve, le 6 janvier 2020, l'association À la

191. Dossier « La Beaujoire demain », Brigadeloire.fr.

192. Camille Peduzzi, *opus* cité.

193. Article L103-2 du code de l'urbanisme.

Nantaise révèle, après avoir saisi la Commission d'accès aux documents administratifs (CADA), que « 3 % de la surface de foncier public destinés à être vendus à une société de M. Waldemar Kita étaient en réalité consacrés à un programme immobilier dénommé “Le Village” : sur 3,9 hectares, cet espace comprenait une clinique privée (6 000 m^2), des commerces sur des hauteurs de 6 à 8 mètres (6 000 m^2), des bureaux (15 000 m^2), des restaurants (2 000 m^2) et un hôtel quatre étoiles de deux cents chambres (10 000 m^2)[194]. » Une information pour le moins surprenante alors que Johanna Rolland rejetait, depuis la conférence de presse de novembre 2018, l'idée du projet urbain qui s'étendrait au-delà de la construction du stade. Des révélations d'autant plus étonnantes que « ni le grand public ni les élus de la collectivité n'avaient été informés par l'exécutif de Nantes Métropole de l'existence de ce projet de « Village » au moment du vote du principe de la cession du foncier de la Beaujoire, lors du conseil métropolitain de décembre 2018. »

Plus dérangeant encore, alors que le financement du stade se veut « 100 % privé », *Mediacités Nantes* dévoile une lettre datée du 12 mars 2018, signée Waldemar Kita et adressée au Premier ministre, dans laquelle il apparaît que le président du FC Nantes « sollicite [la] bienveillance [du Premier ministre] pour

194. Article « Beaujoire, Jonelière : À la Nantaise obtient des informations après avoir saisi la commission d'accès aux documents administratifs », Alanantaise.fr, 6 janvier 2020.

pouvoir, avec [son] associé Yoann Joubert, avoir une audience pour [...] présenter plus en détail le projet YelloPark et le futur stade du FC Nantes, et demander un soutien financier de l'État, au même titre que celui reçu par les autres stades pour l'Euro 2016, ou en perspective des Jeux Olympiques et Paralympiques 2024[195]. » Lorsque Yoann Choin-Joubert, l'associé de YelloPark, découvre le contenu de cette missive, il « est tombé des nues » et ne s'est pas senti « très à l'aise avec la démarche », relatent nos confrères dans les colonnes du site *Mediacités Nantes* : « Je n'avais pas connaissance de l'envoi de ce courrier [NDA : avant notre premier appel]. J'ai demandé à le voir et j'ai appris à cette occasion que Thierry Braillard [ancien sous-secrétaire d'État aux Sports] en était à l'initiative. ».

Vingt mois plus tard, Yoann Joubert admet non sans regret : « Je pense qu'il n'y a pas d'autre projet à réaliser. Il y avait juste la concession à faire de ne pas construire un stade neuf mais de réhabiliter la Beaujoire. Nous, [groupe] Réalités, c'était notre conviction au début et je m'en veux d'avoir lâché sur cette idée-là, parce que c'est une des raisons majeures de cet échec. Je pense que si on avait proposé un projet de réhabilitation, il aurait aujourd'hui démarré. [...] Après, je suis respectueux, il y a un propriétaire du club qui s'appelle Waldemar Kita. *In fine*, on s'est rangé derrière cette vision-là

195. Article « YelloPark : Kita demande déjà de l'argent à l'État », *Mediacités Nantes*, 12 avril 2018.

qui était d'ailleurs soutenue par la ville au début. Mais c'était une erreur. Connaissant notre territoire, notre ville, on aurait dû le savoir. […] Le FCN, c'est la Beaujoire[196]. » Peut-être que toutes ces bonnes gens ont oublié à l'époque la récente opposition au transfert de l'aéroport, la ZAD et, généralement, l'opposition populaire aux grands projets inutiles, jugés dispendieux ou en profond décalage avec les besoins de la population. Dans l'esprit des Nantais, le FC Nantes, c'est la Beaujoire. Waldemar Kita s'y pliera-t-il ?

Suite YelloPark, intérêts et conflits ?

Des liens étroits ont été entretenus entre des élus, d'anciens élus et de « jeunes retraités » de la vie politique nationale ainsi que l'acteur majeur de l'immobilier dans la région : le groupe Réalités, fondé par Yoann Choin-Joubert et Christophe de Brébisson. « Rien d'illégal », confirme Transparency International. « À ce stade, rien n'indique que la ligne rouge ait été franchie. De nombreux signaux d'alerte s'allument mais il n'y a pas de délit pénal », confirme Kévin Gernier, chargé de plaidoyer [NDA : porte-parole] à Transparency International France[197]. Pour autant, de nombreuses questions demeurent.

Durant la phase d'établissement du projet YelloPark, le groupe Réalités, et, à moindre échelle la société de

196. Article « FC Nantes. Yoann Joubert et l'abandon du projet YelloPark : "J'ai les boules, encore aujourd'hui" », *Ouest-France*, 13 octobre 2020.
197. Entretien.

Waldemar Kita, se sont offerts les services de plusieurs personnalités investies ou anciennement investies d'un mandat électoral public ou d'une fonction politique.

Nathalie Iannetta, Luc Belot, Laurent Godet, Christophe Clergeau, Gaspard Gantzer, autant de personnages issus de la famille socialiste et dont certains ont occupé de hautes fonctions sous la présidence Hollande.

L'ancienne journaliste sportive Nathalie Iannetta, conseillère sport et vie associative du président Hollande entre 2014 et 2016, quitte son poste de chief advisor à l'UEFA pour devenir consultante de l'Agence 2017, le cabinet de conseil et stratégie de Gaspard Gantzer, lui-même un ex-conseiller com de Hollande. Elle s'occupait alors du volet immobilier du dossier YelloPark et, plus globalement, de « l'accompagnement stratégique de la marque Réalités[198] ». Quant à Luc Belot, socialiste angevin et soutien de l'ex-président Hollande, il rejoint le groupe Réalités au poste de directeur général de l'innovation quelques mois après la perte de son mandat de député en 2017. Sa perméabilité aux intérêts privés a été épinglée en juillet 2022 lors du scandale des Uber Files[199].

Parmi ce petit groupe, seuls deux d'entre eux conservaient un mandat électif.

198. Article « Nantes. YelloPark recycle les amis de Hollande », *Ouest-France*, 11 mai 2018.
199. Article « "Uber Files" : du Parlement aux ministères, le *lobbying* tous azimuts d'Uber pour se faire accepter en France », *Le Monde*, 11 juillet 2022.

Laurent Godet, directeur des relations institutionnelles du groupe Réalités jusqu'en novembre 2017, effectuait toujours son mandat à la mairie de La Chapelle-sur-Erdre en tant qu'adjoint à l'Éducation, à la Parentalité et à la Jeunesse du maire Fabrice Roussel (PS), également vice-président de Nantes Métropole et proche de Johanna Rolland. Si Laurent Godet est déchargé de sa délégation aux relations institutionnelles durant tout le moment du projet YelloPark, Réalités le promeut « directeur des Affaires publiques et institutionnelles » quelques mois après l'abandon du projet.

La situation de Christophe Clergeau[200] questionne plus encore. Ancien vice-président de la région Pays de la Loire, délégué au Développement économique, il était promis au siège de président de la région aux élections suivantes en tant que tête de liste de la majorité sortante. Mais en 2015, le PS perd la région et Christophe Clergeau se retrouve simple conseiller régional de l'opposition et président du groupe socialiste, écologiste, radical et républicain. Un strapontin dans l'opposition qui lui laisse le temps de s'engager sur le programme « logements et bureaux » du dossier YelloPark, avec son cabinet de conseil, C2 Stratégies.

Du fait de son ancien poste de vice-président délégué au Développement économique, Christophe Clergeau a irrigué le tissu économique de la troisième région de France : son influence sur les milieux politiques et économiques est évidente

200. Contacté, l'intéressé n'a pas donné suite.

et son carnet d'adresses, acquis quand il était politique, est bien plus rempli que celui d'un simple député. Si cette situation n'était pas illégale – les règles concernant le pantouflage[201] des élus sont moins strictes pour les élus locaux que pour d'anciens membres d'un gouvernement ou des parlementaires – la collaboration entre le groupe Réalités et l'ancien vice-président interroge donc. Dans chaque situation où se mêlent des intérêts publics et privés, l'impartialité et l'indépendance de ces personnalités peuvent légitimement être questionnées. Cette collaboration dans la gestion du projet YelloPark est aussi une manière de s'assurer la « prise » d'un patronyme qui a marqué le sport local : il est en effet le fils de l'ex-adjointe aux Sports de Jean-Marc Ayrault, Marie-Françoise Clergeau.

Waldemar Kita a quant à lui recruté Thierry Braillard, député socialiste de 2012 à 2014 et secrétaire d'État chargé des Sports de 2014 à 2017, sous la présidence Hollande. Le 7 juin 2017, la Haute Autorité pour la transparence de la vie publique avait émis un avis favorable dans la perspective de la reprise d'une activité d'avocat, en qualité de gérant d'un cabinet d'avocats.

« Ce n'est pas étonnant que les promoteurs d'un projet comme YelloPark aient recours à des élus ou à des responsables

201. « Pantoufler : Quitter le service public pour entrer dans une entreprise privée. » selon la définition du Petit Robert.

publics qui connaissent bien les rouages institutionnels et le fonctionnement des administrations locales », relève Kévin Gernier de Transparency International France, c'est même « très courant. ». En revanche, « ce qui l'est moins, précise ce responsable de l'ONG de lutte contre la corruption, c'est d'avoir recours à autant de personnes, à tous les niveaux de responsabilité, et presque tous issus de la même couleur politique. Cela laisse penser que ces élus et personnalités sont davantage recrutés pour leur carnet d'adresses que pour leurs compétences ou leur connaissance des procédures administratives et du fonctionnement des institutions. Cela n'est pas illégal en soi, mais c'est inhabituel. » « Ce n'est pas illégal, mais ce n'est pas classe. Un genre particulier de pantouflage[202] », constate à son tour Antoine Hubert, référent de l'association anticorruption Anticor 44.

Aucun des élus et des anciens responsables politiques n'a participé, selon nos informations, à des décisions publiques qui visaient directement son employeur ou son donneur d'ordres s'agissant des contrats de consulting. En revanche, on peut s'interroger s'il y a eu précisément ici une stratégie d'encerclement de Johanna Rolland par des personnalités politiques influentes de nature à s'assurer son adhésion au projet. « Je ne pense pas que nous n'ayons jamais eu la moindre capacité "d'encercler" madame la présidente.

202. Entretien.

D'autres, plus forts que nous, ont eu assez de vanité pour tenter cela. Nous avons porté un projet avec conviction et perdu avec dignité[203] », soutient le cofondateur du groupe Réalités, Yoann Choin-Joubert. L'adjoint Pascal Bolo et figure du PS ne croit pas que « Joubert ait eu [cette] volonté ». L'élu reconnaît cependant qu'« à un moment donné, il a fallu demander à Joubert d'arrêter de recruter des socialistes. C'était plutôt un handicap. » Un handicap ? Peut-être. En tout cas, la confusion entre l'intérêt privé et l'intérêt général ne souffre d'aucun doute pour Anticor 44 : « C'est un vrai mélange des genres qui ne concerne pas un projet d'intérêt général, mais un projet urbain dont un des protagonistes est soupçonné d'évasion fiscale. »

203. Entretien.

Épilogue

Après 15 ans à la tête du FC Nantes, Waldemar Kita vient de faire une entrée tonitruante dans le classement des 500 plus grandes fortunes de France, établi chaque année par le magazine Challenges, accédant à la 148e place de celui-ci.

Autodidacte de son temps, il a construit sa fortune sur ses activités historiques, de l'optique, de la cosmétique et de l'esthétique. Il devient ainsi le deuxième Français le plus riche parmi les propriétaires de clubs professionnels français derrière François Pinault (Stade Rennais) et devant Jean-Michel Aulas[204] (Olympique Lyonnais). Soumis aux mêmes aléas sportifs et alors que son club vient de vivre sa meilleure saison sous sa présidence, Kita est loin de bénéficier de

204. Propriétaire de l'OL depuis 1987, Jean-Michel Aulas a engagé une phase de transmission de son club. Depuis juin 2022, il reste président et actionnaire mais n'est plus majoritaire. John Textor, homme d'affaires américain, est le nouvel actionnaire majoritaire.

l'aura populaire que ces deux derniers tirent de leur capacité à avoir structuré une démarche stratégique complète. Ils ont pour points communs d'avoir investi dans les infrastructures nécessaires au développement du club (stade, centre d'entraînement, centre de formation), d'avoir favorisé la stabilité de leurs organisations et enfin de s'être appuyés sur l'identité de leur territoire et l'histoire de leur club pour fédérer tous les acteurs locaux autour de leur projet.

C'est finalement sur ces trois aspects que repose l'échec de Kita au FC Nantes illustré respectivement par l'abandon du projet YelloPark, la valse des entraîneurs sur le banc de l'équipe Pro et la rupture avec de nombreux acteurs locaux (supporters, politiques, institutionnels ou entrepreneurs). Il n'a, à cette date, jamais su fédérer et mener à terme un projet structurant au FC Nantes. Pourtant, il n'est pas certain que cette situation soit à son complet désavantage. On l'a vu, qu'on soit apprécié ou détesté, le fait de posséder un club de foot est un instrument de softpower inestimable : une véritable vitrine médiatique qui offre aussi de confortables loges présidentielles comme écrin aux conciliabules de business men. De façon plus subtile, Kita est aussi un homme qui a besoin de produire son propre récit, d'être en quelque sorte l'auteur de son histoire, de décider ce qu'il donne à voir et ce qui doit demeurer dissimulé. En s'exposant sans relâche, en monopolisant l'attention comme il monopolise le pouvoir, le président Kita décide de la manière dont seront orientées les critiques que nous lui adresserons. Comme un soleil aveuglant, comme pour nous empêcher d'aller voir ailleurs, dans l'arrière-boutique de ses affaires. Il est sans doute plus gratifiant et plus stratégique pour lui d'être perçu comme le président honni du FC Nantes plutôt que comme un homme d'affaires lambda qui remplit tous les critères ou ressemble à toutes les caricatures de la réussite économique.

Il incarne aussi une figure de président de club de foot qui tend à disparaître. Il est l'inverse d'un technocrate ou du représentant d'un fonds de pension, à une époque où ces instances dépersonnalisées tendent de plus en plus à prendre le contrôle des clubs de foot (Bordeaux, Lille, Lyon…). Tout comme Aulas ou feu Nicollin, il est une figure extrêmement présente, connue, imposant une gestion autoritaire et pas toujours rationnelle de la vie du club. Même s'il faut reconnaître qu'à l'opposé du premier – bâtisseur – et du second – fondateur – sa personnalité a finalement représenté l'obstacle majeur à la création d'une alchimie entre le club et son président.

Peut-être parce que la philosophie de Nantes est celle d'un jeu comme d'une gestion commune, collective (« le Jeu avant le Je »), avec laquelle « l'esprit Kita » entre en collision violente. Waldemar Kita aura beau avancer les valeurs familiales pour asseoir son pouvoir, et certains ont pu se laisser séduire au début, ce sont en fait deux conceptions de la famille quis'affrontent publiquement et deviennent inconciliables. D'un côté, une famille fric menée par un patriarche où les liens entre les membres sont faits d'intérêts marchands, de contrats à la petite semaine et de pièces rapportées aux parcours obscurs. Elle déçoit depuis quinze années mais elle force et ne lâchera pas, puisqu'elle a déjà son dauphin dans les starting-blocks. De l'autre, subsiste une famille populaire prônant et appliquant les valeurs du territoire dans lequel elle évolue : communautaire – voire un peu cadenassée – mais plurielle, vivante et résistante. Malmenée, elle vit encore, encaisse et rend les coups, et espère le jour où elle reprendra enfin la place qu'elle a perdue.

Table des matières